RE·ISSUE | 02

시간이 지나도 책에 담긴 가치는 변하지 않습니다. 당신의 성장과 성공을 위해
리-이슈(재발간) 시리즈는 매일매일 책상 위에 올려두고 싶은 책을 엄선하여 소개합니다.

The Great Formula

당신을
마케팅 천재로
— 만들어 줄 —
위대한 공식

The Great Formula

당신을 마케팅 천재로
— 만들어 줄 —
위대한 공식

마크 조이너 지음 | **조기준** 옮김

나비의 활주로

솔직히 처음에는 '10여 년 전 출간된 마케팅 책이 과연 재출간까지 하는 게 어떤 의미가 있을지' 싶어 조금 회의적이었습니다. 마케팅 현장은 시시각각으로 변화하는 치열한 전쟁터이기 때문입니다. 하지만 그것은 저의 큰 오산이었습니다. 이 책을 다 읽고 나니 왜 어떤 분야이건 고전古傳이 있는지 다시 한번 체감했기 때문입니다.

수소(H) 분자 2개에 산소(O)가 결합하면 물이 됩니다. 이와 같은 과학적 공식처럼 어떤 환경에서도 통하는 사업 성공을 보장하는 절대적인 마케팅 공식이 진짜 있을지 의구심이 들기도 했습니다. 바로 이 책의 저자는 그러한 마케팅 공식을 바로 '위대한 공식The Great Formula'라고 일컫습니다. 이러한 공식은 단 세 줄로 표현할 수 있는데, 바로 첫째, 거절할 수 없는 제안을 생각해 내라! 둘째, '그 제안을 군중에게 팔아라' 그리고 마지막으로 셋째, '그들에게 두 번째 잔을 팔아라 '입니다. 이 책에서는 이 3단계에 관해 상세히 다루면서 그 효과를 더욱 높여 줄 도움말과 요령도 아주 자세하게 제안합니다.

사실 매우 단순해 보이는 이 공식이 과연 변화무쌍한 지금의 비즈니스 환경에서도 통할지 너무나도 궁금했습니다. 그런데 저자가 제시하는 역사적으로 성공한 홀리데이인, 질레트 안전면도기, 아마존닷컴, 에스티 로더, 포드사의 틴 리치 등과 같은 기업은 놀랍게도 이러한 공식을 정확히 따랐습니다. 그렇다면 '과연 개인에게도 적용할 수 있을까?' 싶었습니다. 그런데 저자는 평범한 일반인에서 위대한 공식을 활용하여 마케팅 천재가 된 조 슈거맨, 벤 맥 등의 사례를 통해 1인 기업의 성공에도 반드시 통하는 공식임을 증명했습니다.

이 책에서는 만족한 고객들의 입소문을 통해 돈을 들이지 않고 광고하는 법, 완벽한 잠재고객을 찾는 법, 후속 상품을 팔아 더 많은 이윤을 남기는 법 등 바로 적용할 수 있는 방법을 알려주는데, 이는 출간 당시나 지금이나 적용하는데 크게 차이가 없이 활용할 수 있는 기법들이라 놀라웠습니다.

이처럼 '위대한 공식'은 덩치 큰 기업의 마케팅 담당자는 물론이고, 요즘처럼 N잡러로 활동하는 개인이나 개인브랜딩이 필요한 전문직이나 온라인 쇼핑몰을 운영하는 이들에게도 충분히 적용할 수 있고 시사하는 점이 많습니다.

당신의 비즈니스를 성공으로 이끌고 싶으시지요? 최소의 노력으로 최대의 효과의 마케팅을 원한다면, 먼저 '위대한 공식'부터 확실하게 이해하고 이를 적용해보기를 바랍니다. '위대한 공식'이야말로 예전에도 그랬고, 지금은 물론이며, 앞으로도 당신의 비즈니스를, 당신이 원하는 방향으로 이끌 최고의 마케팅 도구이므로!

신동규, 학비공 대표

저는 온라인으로 300개 넘는 제품을 팔아본 셀러입니다. 어떤 제품 카테고리든 물건을 팔 때 동일하게 적용하는 저만의 공식이 있는데요. 이 책에서 제안하는 내용과 흡사해 놀라움을 금치 못했습니다.

저자는 모든 비즈니스에 통용되는 '위대한 공식' 3단계를 말합니다. 가장 먼저 거절할 수 없는 제안을 만들고, 그 제안을 목마른 이들에게 제시하며, 그들에게 두 번째 잔을 팔라고 말입니다. 이는 제가 제품을 판매할 때 가장 먼저 USP^{Unique Selling Proposition, 고유한 판매 제안}를 기획하고, 기획한 USP를 콘텐츠로 가공하며, 그렇게 만들어진 콘텐츠를 고객이 모인 채널에 가서 홍보하고, 내 제품을 구매한 사람이 이어서 구매할 수 있는 추가 상품을 만드는 일련의 과정과 매우 흡사합니다.

이 책에는 어떻게 거절할 수 없는 제안을 만들 수 있는지, 내 상품을 기꺼이 구매할 목마른 군중들은 어디에서 찾아야 하며 어떻게 접근할 수 있는지, 나의 첫 번째 잔을 마신 고객들을 대상으로 어떻게 두 번째 잔을 판매할 수 있을지에 관해서 자세히 설명하고 있습니다.

또한, 질레트, 아마존, 에스티 로더 등 누구나 아는 굴지의 대기업이 초창기 스타트업 시절에 어떻게 '위대한 공식'을 적용시켜서 성장해나갈 수 있었는지 제시하고, 미국의 유명한 마케팅 구루들이 어떤 방법으로 위대한 공식을 잘 활용하는지에 관해 다방면으로 유용한 정보를 제공합니다.

그러므로 '지금 나한테 좋은 제품이 있는데 이걸 어떻게 마케팅하고 판매할지' 고민되거나, 혹은 사업을 고려하고 계신 예비 창업자 분들이 읽어보면 마케팅의 전반적인 개념을 이해할 수 있는 좋은 책입니다.

전준혁, 《바로 매출이 오르는 스마트스토어》 저자

H×2+O, 물의 과학적 공식과도 같은 비즈니스의 위대한 공식

H×2+O

일산화이수소

이는 물의 과학적 공식이다.

그런데 비즈니스의 성공에도 그런 공식이 있다면 어떨까?

그러한 공식이 있다면 쉽게 '기업 왕국'을 세울 수 있지 않을까?

그런 공식은 있다. 바로 '위대한 공식'이다.

이 공식은 수년 동안 존재했고, 역사상 대성공을 거둔 거의 모든 기업이 이용했다. 이 공식과 비즈니스에 적용해 바로 수익 증대를 끌어내는 방법을 알려주기 전에 중요한 질문이 하나 있다.

이 공식이 그렇게 간단하고 강력하다면, 왜 모든 기업이 이용하지 않을까? 실패한 기업들이 왜 그렇게 많을까?

CONTENTS

01

고정관념을 뛰어넘는
위대한 공식

02

마케팅의 위대한 공식을
200퍼센트 활용한 기업 사례

03

위대한 공식 활용하기
실전 편

이번 파트에서는 새로운 정보가 확장되는 엄청난 속도에 압도당하는 대신, 새로운 마케팅 이론이 도입될 때마다 혼란스러워하지 않고, 유용한 정보인지 바로 알수 있으며, 쉽게 찾아볼 수 있도록 분류하는 법을 바로 알 수 있는 방법에 대해 다룬다. 동서고금을 막론하고 수단이 바뀌었을 뿐이지 '언제나 통하는' 마케팅의 위대한 공식의 개요에 관해서도 알아본다.

01

고정관념을 뛰어넘는
위대한 공식

TV 채널 1,000개
하지만 대부분은 쓰레기다

'타자기 앞에 원숭이들을 무한정으로 앉혀놓자. 결국, 한 마리
는 햄릿 대본을 완성할 것이다.'

이는 프랑스의 물리학자 에밀 보렐Emil Borel이 내놓은 흥미
로운 이론이다. 인터넷을 많이 쓰는 사람들 사이에서 '블로그
의 등장으로 보렐 말은 틀렸다'라는 농담이 유행한다. 지금은
그 어느 때보다 정보 생산이 훨씬 쉬워졌기 때문이다. 인터넷
에 접근할 수 있는 누구나 마우스 클릭 한 번으로 블로그와 같
은 웹사이트 등에 정보를 게시할 수 있다.

심지어 출판도 10년 전보다 무척 쉬워졌다. 주문형 출판Print
On Demand은 컴퓨터만 있으면 거의 모든 이들이 최소의 비용으
로 원하는 인쇄물을 찍어내고 출판할 수 있다. 누군가는 이것
이 얼마나 멋진 일인가에 대해 열변을 토하고 싶겠지만, 이러

한 놀라운 일에는 여러 문제점이 나타나고 있으며, 우리는 겨우 가까스로 이러한 상황에 대처하고 있을 뿐이다. 그렇다면 정보의 세계는 얼마나 빨리 확장되고 있을까? 이 주제에 관해 명확한 연구는 거의 진행되지 않았지만, 정보의 세계는 5년마다 어림잡아 두 배 이상 늘어난다고 한다.

그렇다면 이는 사실일까?

글쎄다. 아무도 이것에 관해 확실하게 알지는 못하는 것 같다. 이를 어떻게 측정할 수 있겠는가? 유명한 캘리포니아 버클리 캠퍼스의 정보 관리 시스템 학부SIMS에서 이를 시도했다. 2003년, SIMS는 '2003 정보의 양How Much Information 2003'이라는 대단한 연구를 발표했다.

그 연구에서 연구원들은 세상에 얼마나 많은 정보가 있는지 밝혔고 증가 속도를 추산하려고 했다. 그들은 1999년, 모든 매체(영화, 출판, 음악 등)에서 새로운 정보가 2~3엑사바이트Exabyte 정도 생성되었다고 추산했다. 메가바이트와 기가바이트는 들어봤을 것이다. 어쩌면 테라바이트도 알 것이다. 그런데 엑사바이트는 무엇일까?

우선 바이트에 대해 알아보자. 너무 전문적으로 살펴볼 필요는 없을 것이다. 바이트는 거의 단일 영숫자Alphanumeric 기호와 같다. '영숫자'는 간단히 말해 알파벳과 숫자를 조합했다는 의미다.

1

이해되는가? 저것이 약 1바이트다.

Gorgonzola!

이것은 약 11바이트다.

킬로미터가 1,000미터인 것처럼 킬로바이트는 1,000바이트다.

1엑사바이트는 1018바이트다.

즉 1,000,000,000,000,000,000(1퀸틸리언, Quintillion, 100경)의 정보다.

SIMS에 따르면 전 세계에서 1999년에 2~3엑사바이트 사이의 정보가 생산됐다.

2022년, 5엑사 바이트의 새로운 정보가 만들어졌다.

매년 우리는 전년보다 35% 더 많은 정보를 생산하고 있다.

이에 관해 전체적으로 살펴보자.

킬로바이트Kilobyte 1,000 bytes

1킬로바이트 = 인쇄물 한 페이지

메가바이트Megabyte 1,000,000 bytes

1메가바이트 = 책 한 권

기가바이트Gigabyte 1,000,000,000 bytes

1기가바이트 = 트럭 한 대 분의 책

테라바이트Terabyte 1,000,000,000,000 bytes

10테라바이트 = 국회도서관이 소장한 출판물 전체

페트라바이트Petrabyte 1,000,000,000,000,000 bytes

200페트라바이트 = 전 세계 모든 출판물

엑사바이트Exabyte 1,000,000,000,000,000,000 bytes

5엑사바이트 = 세상 모든 사람이 내뱉은 모든 단어

정보는 5년마다 두 배로 증가하고 있다고 했던가? 매년 30퍼센트씩 더 빨리 늘어나고 있다고 했던가? 당신은 모르겠지만, 이 연구에서 난 테라바이트 이전부터 이해가 되지 않았다. 생각해 보라. 10년 전에 경제 관련 서적이 1,000권 있었다면 오늘날 1,024,000권이 있다는 걸 의미한다.

이 모든 것이 어느 정도 흥미롭긴 하지만, 문제점도 있다.

새로운 정보의 양이 빠르게 증가하고 있다고는 해도 사실 전체적으로 수준이 떨어질 수 있다는 것이다. 아, 이런. 솔직히 말하면, 오늘날 이용할 수 있는 새로운 정보 대부분은 그냥 쓰레기다. 쓰레기가 아니더라도, 너무 전문적인 내용의 정보를 당신은 전혀 쓸 일이 없다. 이런 상황에서 그렇다면 기업가들은 어떻게 대처해야 할까? 매주 새로운 책, 새로운 마케팅 이론과 새로운 아이디어가 나오고 있다면…. 그러므로 새로운 정보처리 방법이 필요하다.

청킹Chunking,
덩어리화의 위력

전화번호의 숫자는 왜 7자리일까? 왜 6자리, 8자리 또는 20자

리가 아닌 것일까? 프린스턴 대학교 인지 심리학자 조지 밀

러George Miller는 1956년, 논문 〈마법의 숫자 7, 더하기 또는 빼

기 2 : 정보처리 능력의 한계The Magical Number Seven, Plus Or Minus Two:

Some Limits On Our Capacity for Processing Information(Psychological Review

63, 81~97)〉를 발표했다.

그 논문에서 인간의 사고방식은 한 번에 5~9개 단위의 정보

만을 기억할 수 있다고 했다. 이는 타고난 구조적인 한계로 보

인다. 이 연구는 이후 현재 전화번호 체계에 영향을 미쳤다.

전화번호가 7자리보다 길었다면, 대부분 사람은 그걸 기억하

는데 상당한 어려움을 겪었을 것이다. 언젠가는 사고방식을

바꿔서 이 한계를 뛰어넘을 수 있겠지만, 지금은 다음과 같은

유치한 속임수를 쓰는 상황이다.

의사擬似 과학 분야인 암기법에서 사람이 평소보다 더 많은 정보를 기억하도록 뇌를 속이는 유용한 방법들을 많이 고안했다. 그중 하나가 바로 청킹Chunking, 덩어리화이다. 원리는 이렇다. 뇌가 일련의 정보를 하나의 덩어리로 생각하고 그걸 하나의 단위로 받아들이는 것을 말한다. 예를 들어보면 다음과 같다.

다음 숫자들을 외워보라. 한 번 읽고 나서 눈을 감고 순서대로 생각이 나는지 살펴보자.

1

1

4

1

1

9

4

8

9

1

2

9

4

1

자, 그 결과는 어땠는가? 아마도 쉽게 잘 생각나지 않았을 것이다. 14개 숫자가 일렬로 늘어져 있었는데다가, 대부분의 보통 사람들은 이를 한 번 만에 암기하지 못한다. 문제는 숫자 14개를 개별 단위로 처리하는데 뇌가 7 +/-2 장벽에 가로막혔다는 것이다. 이제 뇌에 속임 수를 쓰면 어떻게 되는지 살펴보자. 이번에는 숫자들을 아래에서 위로 읽고 내가 분류한 그룹으로 나눠서 보자.

1

1

4

1

1

9

4

8

9

1

2

9

4

1

자, 이제 종이 한 장을 꺼내서 숫자 14개를 순서대로 정확히 적어보자. 유럽인이라면 적어도 아래 숫자부터 8개를 적었을 것이고, 미국인이라면 아마도 전부 적었을 것이다. 이번에는 왜 다를까? 바로 숫자들을 개별 그룹으로 나눌 수 있었기 때문이다. 지시대로 아래부터 위로 읽었다면, 다음처럼 인식했을 것이다.

1
1   411 - 미국 전화번호 안내
4

1
1   911 - 미국 응급전화 번호
9

4
8   1984 - 조지 오웰의 유명한 소설 제목
9
1

2
9   1492 - 콜럼버스가 신대륙 발견한 항해 연도
4
1

이제 다시 해보자. 종이에 순서대로 숫자를 적을 수 있는지 해보라. 이번에는 14자리 숫자를 전부 기억했을 것이다. 바로 그것이다. 당신은 뇌를 속였다. 뇌가 14자리 숫자를 4개의 덩

어리로 기억했기 때문에 아주 쉽게 할 수 있었던 것이다. 그렇
다면 이것은 비즈니스 서적과 무슨 관련이 있을까?

- 당신이 인간이고,
- 두뇌가 있으며,
- 사업을 운영하거나 사업에서 중추적인 역할을 맡고 있다

그렇다면 계속 읽어보기 바란다.

데이터 청킹을 통한
비즈니스 구조화

데이터를 청킹하는 방법은 이것 이외에도 있다. 계층 구조, 규칙, 공식 등 정보를 청킹해서 다루기 쉽게 만드는 것이다. 이런 청킹 과정은 사람의 암기력뿐만 아니라 행동에도 영향을 준다. 어떻게 보면 규칙도 하나의 청킹이라 할 수 있는데, 미리 상황을 청킹하고 그에 따라 반응하는 것이기 때문이다. 한 가지 특이한 예를 살펴보자.

《게임The Game》의 저자 닐 슈트라우스Neil Strauss와 같은 이들이 데이트 스킬이 부족한 이들에게 유혹 전문가가 되는 방법을 가르치는 소규모 산업이 급성장하고 있다. 대부분은 이를 천박한 사업이라고 무시했지만, 빠르게 인기를 얻고 있는 중이다. 놀랍게도 상당히 유용한 규칙들을 알려준다.

유혹 전문가가 되려는 젊은이들에게 가르치는 규칙 중 하나는 쉿테스트Sh*t Test, 여성이 이성에게 호감을 보이기 전에 하는 테스트다. 한 남성이 관심이 가는 여성에게 다가갈 때, 그녀의 반응은 무한하다. 당신이 바에서 한 여성에게 말을 걸었을 때, 그녀가 이렇게 대답한다고 상상해 보자. "오늘 밤 당신 엄마가 옷을 입혀 줄 때 당신이 이렇게 밤늦게까지 밖에 있을 거라는 걸 알고 계셨을까요?"

이렇게 심한 말을 들어 본 적이 있는가? 이런 질문에 만약 좀 서투른 이라면 다음과 같이 반응할 것이다.

- 그녀의 말을 진지하게 받아들이고 이렇게 대답하려고 한다. "아, 엄마가 옷 입혀준 거 아닌데요. 왜 그런 생각을 했죠?"
- 부정적인 신호를 보낸다는 걸 알고 그 자리에서 떠난다.
- 화를 내고 방어적으로 군다. "뭐? 당신이 뭘 알아? 얼굴은 예쁜지 모르겠지만 머리는 텅 비었군요."

'게임(유혹의 기술에 대한 새로운 업계 용어)' 방법을 배운 남성은 바로 그녀의 답이 쉿테스트라는 걸 알아채고 어떻게 대답할지도 안다.

이 사람들은 쉿테스트에 대한 반응을 연습하고 심지어 전락을 교환하기도 한다. 그들에게는 과학인 것이다. 재미있는 건 유혹 전문가들은 이러한 테스트를 긍정적인 것으로 생각한다. 그 여성이 정말로 당신한테 관심이 없었다면, 시험하지 않을 테니까. 그들은 이것이 당신의 사회적 가치에 대한 시험이며 얼마나 잘 반응하느냐에 따라 구애자로서의 가치를 결정한다고 이론화한다. 다시 말해 이는 놀랍게도 정교한 심리 스킬이다!

여기서 주목할 점은 그들은 규칙에 따라 데이터를 미리 청킹했고, 그 효과는 기막히게 유용하다는 것이다. 어떤 대답을 할지 그 자리에서 생각하기보다는 열 걸음 앞서서 뭘 할지 바로 알 수 있다.

이는 사거리 정지 교차로에 있을 때도 똑같이 적용된다. '먼저 정지하는 차에 양보하고, 동시에 정지하면 오른쪽 차에 양보하라'라는 규칙이 있다. 만약 미리 청킹한 규칙이 없었다면, 교차로에 차가 여러 대 멈출 때마다 교통사고가 상당히 일어났을 것이다. 대신 당신은 상황을 분석하는 방법을 정확히 알고 있다. 마주치는 자동차와 운전자의 조합의 수는 중요치 않다. 이러한 규칙 덕분에 아무 문제가 되지 않는다.

또한, 가게에 갈 때마다 이렇게 한다. 우리에게는 '계산대를 찾아 구매한 품목의 총액과 같은 통화를 내라'라는 규칙이 있다. 이러한 정신적 청킹 때문에 어떤 종류의 가게에 가든지, 심지어 한 번도 가 본 적이 없는 유형의 가게라도 문제는 일어나지 않는다.

이런 것이 없었다면 마크 조이너 기념품 판매점에 당신이 처음 갔을 때 약간 혼란스러울 수 있다. "저기, MJ 매장은 처음인데요, 여기는 어떻게 운영되죠?"라고 말하는 대신 당신은 계산대를 보면 어떻게 행동해야 하는지 정확히 안다. 낯선 사람의 집에 처음 가도 불을 켤 줄 알지 않은가.

에티오피아 식당에 처음 갔다고 하더라도 한 번도 온 적 없지만 메뉴를 달라고 한다. 분홍색 셔츠만 파는 새 옷 가게에 가면, 파란색 셔츠를 파는 가게에서만 산 적이 있어도 입어보고 싶으면 탈의실 위치를 물어봐야 한다는 걸 안다.

이처럼 당신의 뇌는 수많은 잠재적인 상황에 대응하도록 미리 청킹하는 얼마 안 되는 규칙들로 가득 차 있다. 그렇다면 지금까지 얻은 비즈니스 조언을 전부 미리 청킹할 수 있는 규칙들이 있다면 어떻겠는가?

새로운 정보가 확장되는 엄청난 속도에 압도당하는 대신, 새로운 마케팅 이론이 도입될 때마다 혼란스러워하는 대신, 유용한 정보인지 바로 알 수 있다면? 쉽게 찾아볼 수 있도록 분류하는 방법을 바로 알 수 있다면? 그렇다. 그런 방법은 있다.

언제나 통하는 마케팅의
위대한 공식

우선 정의부터 내려 보자.

위대한 공식

1단계 : 거절할 수 없는 제안 만들기|TIO, The Irresistible Offer

2단계 : 그 제안을 목마른 이들에게 제시하기

3단계 : 그들에게 두 번째 잔을 팔기

이는 바로 위대한 공식이며, 이것이 전부다. 마케팅에 대해
배우는 모든 것이 이 세 단계 중 어딘가에 해당한다. 정말 그
렇게 간단할까? 세계 역사상 가장 대단한 비즈니스 성공을 살
펴보면, 거의 모두가 이 공식을 정확히 그대로 따른다는 것을
알게 될 것이다.

일부는 1단계를 어느 정도 제대로 했지만, 예외 없이 모두가 2단계와 3단계에서 뛰어났다. 만약 당신이 《거절할 수 없는 제안The Irresistible Offer》을 읽었다면 이를 이미 어느 정도 알고 있을 것이고, 다음 장에서 각 단계에 대해 좀 더 자세히 알아볼 것이다. 사실, 우리는 많은 사례와 조합을 살펴볼 것이기에 이 책을 끝까지 읽을 때쯤이면 당신은 이 공식의 사용법에 관해 완전히 터득하게 될 것이다.

위대한 공식이
성공할 수밖에 없는 이유

어떤 비즈니스든 수익을 올리는 방법은 다음과 같은 단 세 가지뿐이다.

1. 좀 더 많은 이들 앞에서 당신의 메시지를 전달한다.

2. 일인 당 지불 비용을 더 받는다.

3. 기존 고객에게 더 많은 제품을 판매한다.

비즈니스 수익 향상에 있어 이 세 가지 카테고리 중 어느 하나라도 속하지 않는 방법은 찾지 않는다. 그리고 계속 읽어보기 바란다. 더불어 한 번 다음의 경우에 대해 생각해 본다.

"광고의 수준을 개선하는 것은?"

카테고리 1이다. 자, 다시 한번 보라.

"광고 노출을 늘리는 것은?"

또 카테고리 1이다.

"매출 전환 증가는?"

카테고리 2가 될 것이다.

계속해 볼까?

"아하! 이제 알겠어, 조이너. 비용 절감은요? 그건 어디에 속하지요?"

미안하지만, 그것도 카테고리 2다. 비즈니스 운영 비용을 줄이면, 효과적으로 한 사람당 더 많은 돈을 벌 수 있지 않은가.

이 문제에 대해 논리적 결론을 내려 보자. 펜과 종이를 꺼내서 이 세 가지 카테고리에 속하지 않는 수익을 늘리는 방법을 찾아본다.

시작하라. 한 번 해보라.

해 봤는가?

좋다. 이제 이해가 됐다면, 여기서 정말 중요한 질문을 하겠다.

만약 이 세 가지 방법만이 수익을 증대시킬 수 있다면, 사업주 대부분은 왜 이 세 가지 카테고리에 속하지 않는 방법에 약 95퍼센트의 시간을 쓰는 것일까?

정말 좋은 질문이다.

비즈니스 상에서 이뤄지는 모든 행동을 취하고, 수익 창출 행동은 분리해서 각 단계에서 해당 행동의 효율성을 높이면 필연적으로 수익은 생긴다.

그렇다면 어떻게 해야 할까?

간단하다. 위대한 공식에 온 힘을 집중하면 된다. 비즈니스의 물류 및 관리 부분을 제외하고 위대한 공식은 비즈니스에서 할 수 있는 모든 중요한 일에 해당한다. 또한, 물류 및 관리 기능은 모두 위대한 공식을 이용한 당신의 업무에 비해 '부수적'이어야 한다.

다른 모든 것은 중도에 실패하지만 위대한 공식은 레이저처럼 효과가 있는 일에 정신을 집중하게 하기 때문에 결국 성공하는 것이다. 그런 의미에서 이 책의 나머지 부분에서는 위대한 공식의 미묘한 차이를 이해하는 데 집중하고, 이를 비즈니스에 적용하는 몇 가지 효과적인 방법을 제시한다.

각 단계를 조금 더 자세히 분석한 후, 다방면의 전문가들을 소개하겠다. 그들이 위대한 공식으로 이용해 어떻게 큰 효과를 냈는지 알려줄 것이다.

위대한 공식이(컴퓨터 코드부터 교회에 이르기까지) 광범위한 비즈니스에 걸쳐 얼마나 다양한 방식으로 적용될 수 있는지를 알면, 이 공식이 얼마나 강력한지 실감할 수 있을 것이다.

위대한 공식에 적합한 유의미한 아이디어들은 새로운 비즈니스를 계획하는데 진정한 무기가 될 것이다.

위대한 공식 1단계
- 거절할 수 없는 제안 만들기

이 책은 《거절할 수 없는 제안》의 후편으로 여기서 모든 내용을 다시 설명하지는 않겠지만, 간단하게만 한번 언급하고자 한다. 사실 거절할 수 없는 제안은 어떤 단순한 하나의 거절할 수 없는 제안이 아니다. 이는 어떤 하나의 고유 판매 전략 Unique Selling Proposition, USP도 아니다. 거절할 수 없는 제안은 기업 강령, 혜택 목록도 아니고 경영 대학원이나 다른 마케팅 서적에서 배우는 것도 아니다.

이는 제품, 서비스 또는 회사가 중심이 되는 아이덴티티 구축으로, 믿을 수 있는 투자 수익이 아주 분명하고 효율적으로 전해져 그것을 거절하면 당신은 어리석다. 거절할 수 없는 제안이 제대로 실행되면 다음과 같은 일이 가능하다.

- 온종일 소비자들에게 쏟아지는 마케팅 메시지의 요란한 불협화음 속에서 눈에 띈다.
- 가장 중요한 마케팅 메시지를 바이러스처럼 무의식적으로 사람마다 전파하도록 고객을 프로그래밍함으로써 입소문을 탄다.
- 강요와 심리적 속임수를 이용하는 대다수의 마케팅을 제치는 동시에 아주 정직한 태도로 제품을 판매한다.
- 네 가지 핵심 질문에 바로 부합되면서 3초 이내에 제품 및 서비스를 고객에게 판매한다.

    1. 나에게 무엇을 팔려는 걸까?
    2. 얼마인가?
    3. 당신을 믿어야 하는 이유는?
    4. 나에게 어떤 이득이 있는가?

이제 다시 생각나는가? 아마도 다음과 같은 것들이 도움이 될 것이다. 거절할 수 없는 제안에는 동일하게 중요한 세 가지 요소가 있다.

1. 높은 투자수익률 제안
2. 시금석

3. 신뢰성

여기서는 이 내용을 가볍게 다뤘지만, 당신이 비즈니스에 적용할 때는 가볍게 여겨서는 안 된다. 이 주제는 비즈니스의 가장 중요한 핵심 기능이기 때문에 이 책 전반에 걸쳐 설명할 것이다. 거절할 수 없는 제안이 없더라도 비즈니스는 그럭저럭 진행될 수는 있다. 하지만 조금만 수정한다면 식용유로도 차가 굴러가긴 한다. 거절할 수 없는 제안은 비즈니스 면에서 다른 모든 업무의 효율성을 배가시키는 고 옥탄가 제트 연료유와 같다.

그러므로 위대한 공식의 2단계와 3단계를 사용하는 것을 주저하지 말기 바란다. 거절할 수 없는 제안이 없더라도, 지금 적용하면 비즈니스에 바로 활력을 불어넣을 수 있다. 거절할 수 없는 제안은 구성하고 실행하는 데 시간이 걸리지만, 2단계와 3단계는 당장 적용할 수 있다. 사실, 당신이 이 책을 다 읽고 내려놓는 순간 수익 증대를 위한 아이디어가 별로 떠오르지 않는다면, 오히려 그것이 놀랄 일이다.

위대한 공식 2단계
- 진짜 목마른 사람들에게
정확히 제시하기

당신이 방금 최상의 브러시를 만들었다고 가정해 보자. 이 브러시를 쓰면, 비단 같은 머릿결이 된다. 바람이나 컬러 손상은? 한 번 잘 빗는 것만으로도 단번에 원래 건강한 상태의 모발이 된다.

이런 가정을 한번 생각해 보라. 머리카락의 분자 구조를 변화시켜 바로 곱슬머리에서 생머리로, 붉은색 머리에서 금발로, 가는 머리카락이 굵게 된다. 그렇다면 당신의 거절할 수 없는 제안은 무엇인가? 뭐, 이런 제품이라면 쉽다. 머릿속에 바로 이런 문구가 떠오를 것이다.

우버 브러시 UberBrush
단번에 머리 색깔이 바뀌고 손상된 모발이 개선됩니다.

여담이지만, 바로 이것이 높은 ROI 제안이 '거절할 수 없는 제안'의 첫 번째 요소인 이유다. 훌륭한 제품으로 시작하면 마케팅 활동이 수월해진다. 기업이 실수를 은폐하려고 공을 들이는 만큼 제품 개선에 많은 시간을 할애한다면 훨씬 더 쉽게 성공할 것이다.

우버 브러시와 같은 제품이라면, 망하는 편이 오히려 어렵지 않겠는가? 이러한 확신으로 당신은 매우 흥분해서 대규모 출시 행사를 계획한다. 당신이 고용한 홍보 담당자는 100,000명 이상을 수용할 수 있는 컨벤션 센터에서 신제품을 발표할 수 기회를 잡았다. 그리고 수천 개의 브러시를 생산해서 컨벤션 센터로 보낸다.

당신은 출시 전날, 부스를 설치하기 위해 비행기를 탄다. 흥분으로 가득 차 있다. 하지만 컨벤션 홀에 들어서자 심장이 철렁 내려앉는다. 다음과 같은 문구가 적힌 안내판을 보았기 때문이다.

제5차 미국 완전한 대머리 남성 정기 총회

적어도 헤어브러시만 놓고 봤을 때, 그들은 내가 말하는 '목마른 관중'이 아니다. 머리가 나게 하는 헤어브러시를 판다면 최상의 목마른 사람들이 생긴 것이지만, 당신이 판매하는 브러시는 머리카락이 있는 이들을 위한 제품이지 않는가.

이해되는가?

말안장을 판다고 한다면, 오즈 페스티벌Oz Fest, 미국 록 페스티벌에서 팔려고 텐트를 치지는 않을 것이다. 당신은 말을 거래하는 말 훈련소와 계약을 맺어서, 이윤 일부를 주고 그곳에서 당신의 광고 우편물을 고객에게 보내게 할 것이다. 이처럼 계산기를 판다면, 해변이 아니고 수학자들 모임을 찾아야 한다.

제품이 얼마나 훌륭한지는 중요하지 않다. 엉뚱한 시장에 내놓으면 판매 목표를 전혀 달성할 수 없다. 하지만 당신의 제품에 목말라하는 이들을 찾았다고 상상해 보기 바란다. 만약 누군가가 사막을 걷고 있고 당신만 물을 판다면, 영업이 수월하겠는가? 당연하다. 사실, 그 물이 질이 좋지 않아도 상관없다.

이제 그 갈증과 거절할 수 없는 제안을 결합하면 어떤 일이 벌어지겠는가? 밤하늘에 터지는 불꽃처럼 물건이 팔려 나갈 것이다. 그렇게 긁어모은 돈으로도 충분하지 않다면….

위대한 공식 3단계
– 두 번째 잔 쉽게 판매하기

앞서 언급했던 헤어브러시 이야기로 돌아가 보겠다. 위대한 공식을 잘 아는 마케팅 컨설턴트와 상담한 후 무능력한 당신의 홍보 담당자를 해고하였다. 그리고 목마른 군중을 찾는 데 컨설턴트의 도움을 받는 것이다.

낮 시간대 연속극 중간에 인포머셜(정보광고)을 내보면 그 결과는 매우 놀랍다. 낮 시간대 연속극 시청자의 90퍼센트가 가정주부라는 것을 안다면, 목마른 사람들을 찾던 당신은 대박을 터뜨린 것이다.

이쯤에서 조기 은퇴를 계획하기 시작할 때, 컨설턴트한테서 전화가 온다.

"인포머셜로 수익을 3배로 늘리는 방법 찾았는데, 혹시 관심이 있으신가요?"

갑자기 은퇴 후 지낼 집에 대한 상상이 해변에 있는 웅장한 저택으로 바뀌면서 간신히 말을 잇는다. "그럼요. 당연하죠."

그러면 그 컨설턴트는 '상향 판매'라는 개념에 대해 조금 설명한다. 사람들이 브러시를 구매하려고 전화할 때, 한 개만 사고 떠나도록 내버려 두는 대신, 전화 상담원의 단 한 가지 질문으로 수익은 세 배로 늘어난다고 설명한다.

"어머님, 혹시 따님이나 친구분들에게 선물하시라고 50퍼센트 할인된 가격으로 브러시를 드린다면 구매하시겠어요?"

50퍼센트 할인이라고? 와, 정말 싸게 산데? 그러면 구매자는 친구의 생일이나 지인의 결혼식 선물로 괜찮을지에 대해 전화 상담원과 신나게 이야기한 다음, 무려 브러시 5개를 더 구매하고 전화를 끊는다.

어떻게 이러한 유혹을 물리칠 수 있겠는가? 50퍼센트 할인을 거절하는 건 말도 안 된다. 영업에 이런 상향 판매 전략이나 여러 두 번째 잔 전략을 포함하지 않는다면 이는 어리석은 것이 아니고 무엇이겠는가?

추가 판매가 얼마나 쉬운 일인지 이해가 되었는가? 세계 부호들 중 누구도 첫 번째 잔 전략으로 부를 형성한 것이 아니다. 큰 성공은 바로 이러한 '두 번째 잔 판매 전략'으로 이룬 것이다.

실제로 기업가들이 다소 예상치 못한 방법으로 이 개념을 적용하는 것을 보면서 생각의 폭을 넓혀보라. 그 가능성은 예상되는 결과만큼 매우 놀랍다. 우선 그 이야기를 들어 보기 전에, 이에 대한 기량의 토대부터 단단하게 만들어보자.

빠르고 쉽게
목마른 사람들 찾기

찾는 방법만 안다면 목마른 이들은 곳곳에 있다. 마케팅 메시지를 전달할 때 대부분은 텔레비전, 라디오, 신문, 잡지와 같은 고전적인 광고 형태부터 생각한다. 그렇다. 고전 매체를 적절하게 이용하면 수많은 목마른 이들에게 직접 접근할 수 있다. 하지만 이는 목마른 이들을 찾는 네 가지 방법 중 하나일 뿐이다. 목마른 이들을 찾는 방법은 사실 무궁무진하고, 그중 어떤 것은 사실 비용이 아주 적게 들거나 심지어 무료이기까지 하다. 이렇듯 방법은 수없이 많지만 그 모든 것은 내가 말하는 위대한 공식에 모두 포함된다.

목마른 사람들을 붙잡는 네 가지 전략

1. 접근 비용을 지불하고 군중에 접근한다.

2. 접근 방법을 고안하여 군중에 접근한다.

3. 눈에 보이지 않던 고객을 찾아낸다.

4. 헤매는 군중을 붙잡는다.

이제 각각의 방법에 대해 자세히 살펴보자.

접근 비용을 지불하고 군중에 접근한다

여기서 우리는 일반적이고 전통적인 것에 관해 이야기하고 있다. 당신이 찾는 목마른 군중에 딱 맞는 독자층을 가진 잡지를 찾아라. 그런 다음에 그 잡지에 비용을 내고 광고를 싣는다. 분명 제대로 목표로 삼은 매체의 광고는 잘못된 매체에 싣는 광고보다 강하게 사람들을 매료시킨다. 다시 말하지만, 당신은 (머리가 자라는 매직 브러시가 아닌 한) 대머리인 남자에게 헤어브러시를 광고해서는 안 된다.

고전적인 매체에 돈을 내고 광고를 하는 것 말고도 목마른 군중의 리스트를 파는 회사를 이용하는 방법도 있다. 그러한 방법을 쓰면 당신이 원하는 목마른 군중을 찾을 확률이 고전적 매체를 쓸 때보다 훨씬 높아진다.

생각해 보라. 누가 지렁이를 더 많이 사겠는가? 낚시 관련 방송의 시청자겠는가 아니면 낚싯대를 사는 사람이겠는가?

그렇다면 이는 어떻게 작용하는 걸까? 많은 기업은 수익을 늘리는 훌륭한 한 가지 방법(흥미로운 대안인 두 번째 잔 전술로)으로 고객 명단List에 대한 접근할 수단을 찾는 일이라는 사실을 알고 있다. 리스트 중개인List Broker을 통해 수많은 기업이 합리적인 비용을 받고 리스트를 내놓는다. 어쨌든 이는 수박 겉 핥기에 불과하다. 내가 소개하는 전문가들은 당신이 결코 생각하지 못했을 수도 있는 엄청난 가능성에 대해 알려줄 것이다.

접근 방법을 고안하여 군중에 접근한다

접근 비용을 내고 싶지 않다면 안 내도 문제는 없다. 단지 머리를 굴리면 목마른 이들에 대해 알고 있는 많은 이들이 당신에게 그 길을 열어 줄 것이다. 그럼 어떻게 하면 될까? 당신이 부자들을 대상으로 샴푸를 판매한다고 가정해 보자. 만약 비용이 얼마가 들던지 멋지게 보이고 싶은 이들이라면 그 제품을 구매할 것이다.

당신은 상류층 고객이 다니는 부티크 살롱을 알아내어 그 숍 대표에게 이렇게 제안한다. "공짜로 제 샴푸를 살롱에 공급해 드리겠습니다. 한 병을 팔 때마다 판매 대금의 50퍼센트를 드리고, 안 팔리더라도 저에게 한 푼도 안 주셔도 됩니다."

정말 쉬운 일이다. 두 사람 모두 별다른 노력을 하지 않고도

'진열대 위에 놓여 있는' 돈을 가져가기만 하면 되는 것이다. 그 살롱에서 샴푸 몇 병이 팔린 다음 대표에게 가서 이렇게 제안한다. "제 샴푸를 '할인가에 판매한다'고 사장님의 모든 고객에게 편지를 보내면 어떨까요? 인쇄와 우편 비용은 제가 부담하겠습니다. 한 병이 팔릴 때마다 구매 가격의 절반을 드릴게요."

매우 저렴한 비용과 최소한의 위험으로 매우 목마른 사람들에게 접근하게 된 것이다. 위험을 더 낮추고 싶다면? 살롱의 다음 우편물 발송 때까지 기다렸다가 기존 우편물에 당신의 광고지를 넣어달라고 부탁하라. 이런 경우에 드는 비용은 고작해야 복사비가 전부다. 이런 방법에 관해 말하자면 끝이 없다. 내가 비즈니스 활동을 할 때도 이런 전략을 이용해 이윤의 대부분을 벌어들였던 때가 있었다.

눈에 보이지 않던 고객을 찾아낸다

잠재 고객들이 그 제품을 구매하지 않더라도, 그들을 마주칠 때마다 연락처를 확보하고 나중에 제안서를 보낼 수 있는 허락을 얻어야 한다. 누군가 당신 매장을 둘러보려고 들어오면 우편물 발송 명단에 올려둔다. 방문객이 당신의 웹사이트를 방문하면 뉴스레터 구독을 위해 가입하라고 권한다. 무역 박람회에 참석 중 누군가 당신의 부스를 찾는다면, 그 사람의 연락처를 확보한다. 이렇듯 잠재 고객과의 모든 작은 접촉은 자신만의 목마른 사람들을 서서히 형성할 기회다. 이 부분에 대한 예상치 못한 몇 가지 예를 곧 보여 주겠다. 물론 최고의 목마른 사람들은 기존 고객들의 리스트이며, 그래서 두 번째 잔을 판매하는 건 매우 쉽다. 하지만 그 이야기는 좀 더 있다가 하기로 하자.

헤매는 군중을 붙잡는다

가끔은 목마른 군중이 바로 눈앞에 보일 때가 있다. 그렇다면 그냥 슬쩍 다가가서 당신은 그저 넌지시 마케팅 메시지를 흘리기만 하면 된다. 인터넷에서 수백만 개의 커뮤니티가 있고, 거의 틀림없이 당신에게 맞는 커뮤니티 몇 곳을 찾을 수 있다. 다른 회원들을 도와주면서 자신을 알리면 충실한 추종자가 생길 것이다. 이들에게 견본품을 아낌없이 나눠줘라. 그런 상황이라면 커뮤니티 회원 중 일부는 당신이 제공하는 서비스에 너무 열광하기 때문에 당신을 대신해서 제품을 홍보할 수도 있다.

또 다른 접근 방법은 다음과 같다. 마이애미, 뉴욕이나 LA에 있는 나이트클럽에 간다면, 영업 마감 시각에 경쟁 클럽의 프로모터가 입장권을 나눠주면서 말을 걸어줘야 그곳을 떠날 수 있다. 이것은 내가 당신이었다면 전염병처럼 피하고 싶은 고객 가로채기에 가깝지만, 여러 가능성에 마음을 열게 될 것이다. 길 잃은 목마른 사람들은 당신이 찾아주길 바라면서 배회한다. 다음 장에서 이런 방법을 적용하는 데 있어 다소 예상치 못한 경우에 대해 알게 될 것이다.

두 번째 잔을 효과적으로
제공하는 네 가지 방법

《거절할 수 없는 제안》에서 '두 번째 잔 제공 방법과 몇 가지 비법'에 대해 상당히 포괄적으로 살펴보았다. '문을 계속 열어 두는 방법How To Keep The Door Open' 부분도 중요하다. 몇 번이고 그 부분을 참고하라고 강력히 권한다. 마케팅 아이디어가 떠오르지 않을 때마다, 그 부분을 읽으면 상당히 창의적인 아이디어가 발휘될 수 있을 것이다.

앞으로 몇 가지 실제 사례를 간략히 살펴볼 것인데, 일부 사례에서 당신은 아이디어가 넘치는 기업가들의 독창성에 감탄하게 될 것이다. 그 전에 먼저 두 번째 잔에 대해 살펴보자.

두 번째 잔을 제공하는 네 가지 방법

1. 상향 판매Up-Selling

목마른 군중을 찾는 방법이 무궁무진한 것처럼, 두 번째 잔
의 전달 방법도 무궁무진하다. 전부는 아니지만, 대부분은 위
의 네 가지 범주 중 하나에 속한다. 네 가지 방법을 간략히 다
시 살펴보면 다음과 같다.

상향 판매

만약 소형 버전 제품을 구매했다면 고객은 대형 버전에 관
심을 보일 수도 있다. 고객이 '라이트'를 구매한다면 '디럭스'
를 제안해 보는 건 어떨까? 만약 초대형 버전의 제품 제안이
본 제품만큼 거절할 수 없이 매력적이라면, 10달러 정도의
판매를 100달러의 판매로 전환하기는 그렇게 어려운 일은 아
니다.

그렇다고 이 방법을 남용하지는 말라. 투자 비용에 비해서
높은 투자수익률을 제공하지 않는 제품이나 서비스를 고객에
게 상향 판매하면, 오히려 고객은 영원히 떠나버린다. 그런 다
음에는 기업의 신뢰를 되찾으려는 모든 노력은 허사가 된다.

교차 판매

자동차를 판다면, 고객들은 좋은 음향 시스템에도 관심이 있지 않을까? 만약 당신이 치과의사라면 스케일링을 받은 고객에게 치아 미백에 관해 제안해 보는 것은 어떨까? 단지 이러한 접근 방식을 쓸 때는 확실히 주의해야 한다. '아, 내 치아가 흉하다고 생각하는 거야?'라고 고객이 모욕적으로 여기지 않도록 해야 한다는 것이다.

지나치게 공격적이거나 모욕적인 상향판매는 결국 고객을 잃게 한다. 덧붙여 밀어붙이거나 능구렁이처럼 굴면 어쩌다가 첫 영업은 성공할 수 있지만, 그 과정이 괴로웠다면 다시는 돌아오지 않을 것이다. 치과 내원으로 겪는 신체적 통증에 더해 감정적으로 불편함을 떠안긴 치과의사의 인상은 분명 오랫동안 사라지지 않을 것이기 때문이다.

가전제품 매장의 판매원들은 교차 판매에 능숙하다. 만약 고객이 큰돈을 들여 대형 TV를 구매한다면, 그 매장은 초기 투자 후에 완벽한 영상 구현을 위해 조금 더 비용을 들여 정품 케이블과 기타 액세서리를 구입해야 한다면서 고객을 쉽게 설득할 수 있다.

이러한 교차 판매 제안은 판매 이익을 매우 증가시킬 수 있다. 생각해 보라. 한 달에 1,000건 판매를 성사시키고 액세서리 및 추가 품목에 1달러의 이익을 더하면 연간 1만2,000달러의 추가 이익을 얻을 수 있다.

교차 판매가 고객에게 합리적인 의사결정이었고 더 나은 만족감을 주었다면 고객은 설득당했다고 느끼지 않을 것이다. 오히려 도와줬다고 생각한다! 여기에는 엄청난 차이가 있다. 고객을 도우면서 더 많은 매출을 올릴 수 있을 뿐만 아니라 좋은 입소문이 나기도 한다. 이에 관한 자세한 내용은 다시 설명하겠다.

후속 판매

위에서 언급한 두 가지 방법은 판매 시점Point Of Sale에서 즉시 활용할 수 있다. 첫 번째 판매가 완전히 성사된 다음에 교차 판매 혹은 상향 판매를 시도해야 한다. 거래가 성사되기 전에 너무 많은 옵션을 제시하면 고객은 혼란스러워할 수 있으니 주의한다. 개 앞에 뼈다귀 2개를 준 적이 있는가? 개는 어떻게 할까? 혼란스러워서 두 개 다 어디에 묻지 않는다. 선택권이 많아서 어찌할 바를 모른다. 우리가 인정하든 안 하든, 사람들도 그만큼 쉽게 혼란스러워한다. 그러므로 처음에는 단순하게 제시한다.

후속 판매는 1차 판매가 이루어지고 난 다음이라면 어느 시점에 일어나도 상관이 없다. 바로 다음 날일 수도 있고, 1년 후일 수도 있다. 몇몇 유용한 방법은 《거절할 수 없는 제안》에서 '문을 계속 열어 두는 방법How To Keep The Door Open' 부분을 참고하기 바란다.

연속 판매

일부 제품은 자연스럽게 두 번째 잔에 적합하다. 예를 들어, 월간 잡지 구독은 그 자체로 다음 달, 그다음 달, 그 다음 다음 달 하는 식으로 이어져 나간다. 연속성 제품은 고객에게 정기적으로 제공되는 것을 의미하는데 반복 판매가 기본적으로 보장된다.

거티-렌커Guthy-Renker, 정보 광고, 텔레비전 광고, DM, 텔레마케팅, 이메일 마케팅 및 인터넷을 통해 소비자에게 직접 건강 및 미용 제품을 판매하는 캘리포니아에 기반을 둔 직접 반응 마케팅 회사라는 이름을 들어본 적이 없을 수 있지만, 분명 그 회사의 인포머셜Informercial은 본 적이 있을 것이다. 그들은 세계 최고의 텔레비전 광고 마케팅 인포머셜 마케팅 회사 중 한 곳이다. 그곳의 한 관계자는 연속성을 기반으로 하지 않는 신제품 판매는 더는 고려하지 않는다고 했다.

예를 들어, 거티-렌커는 매달 리필 할인을 제공하는 우수한 스킨케어 라인 제품을 판매한다. 이 제품은 매우 효과가 좋고,

투자수익률이 높기에(돈을 들인 만큼 피부가 아름다워진다), 사람들은 매달 기꺼이 비용을 지불한다. 기업은 고객이 매달 지불을 하도록 한다. 다소 공격적이지만 효과적이고 합리적인 가격의 제품을 제공한다면, 연속성이 가능하고 수익을 계속해서 올릴 수 있다. 한 잔을 팔 때 더 넉넉히 두면 점점 더 많이 팔게 된다. 기업의 창의력을 자극해 고객이 계속 재구매하도록 하는 몇 가지 아이디어를 소개하겠다. 이제 상상력에 불꽃을 일으킬 준비가 되었는가?

이번 파트에서는 위대한 공식을 이용해 막대한 부를
축적한 수많은 기업 중 일부 사례를 살펴본다. 이런 기
업 중 일부는 다른 기업들보다 공식을 조금 더 충실히
따랐다. 거절할 수 없는 제안과 위대한 공식에 대한 지
식을 이용해서 당신이 이런 기업들의 성공을 능가할
수 있을지 알아보자.

02

마케팅의
위대한 공식을
200퍼센트
활용한 기업 사례

휴가를 떠나는 가족들을 대상으로 공식을 활용한
홀리데이 인Holiday Inn

장거리 자동차 여행을 해본 적이 있는가? 가족들과 함께 다니면서 '제대로 전국을 순회하며 세상을 구경하는 그런 여행'말이다. 만약 그랬다면, 아마도(매번 5성급 서비스에 돈을 쓰지 않는 한) 도중에 숙박 시설의 특성이 크게 달라질 수 있다는 것을 알았을 것이다. 당신이 들르는 모텔 중 일부는 깨끗하고 잘 관리됐지만, B급 공포영화에서 바로 나온 듯한 곳도 있다.

1951년, 케먼스 윌슨Kemmons Wilson, Holiday Inn 호텔 체인의 설립자은 가족과 함께 장거리 여행을 떠났다. 그런데 '모텔 룰렛Motel Roulette'이라는 게 있어서 룰렛이 돌다가 딱 멈춘 데서 어쩔 수 없이 묵어야 한다면 그 기분이 어떨까?

설상가상으로, 그 당시 모텔 대부분은 어린이 1명당 2달러를 추가 청구했다. 숙박비는 1박에 8달러에서 10달러였기에,

자녀가 5명이었던 윌슨은 두 배를 내야 했다. 이러한 사실에 불만을 느낀 그는 자신만의 모텔 체인점 사업을 하기로 했고, 정확히 1년 뒤 첫 홀리데이 인이 탄생했다.

목마른 사람들 : 휴가를 떠나는 가족들

그 당시 미국에는 일반적으로 두 가지 종류의 숙박 시설이 있었다. 도시에는 주로 고급스럽고 비싼 호텔들이 있었다. 부부가 운영하는 모텔들이 고속도로를 따라 여기저기 흩어져 있었고, 비록 이런 곳이 더 저렴하긴 했지만 서비스의 수준은 운에 맡겨야 했다. 그래서 윌슨은 그 중간 정도 되고 그 당시에는 존재하지 않았던 뭔가를 만들려는 계획을 세웠다.

〈포춘Fortune Magazine〉의 내용에 따르면 "여행자는 깨끗한 방, 편안한 침대가 제공되며 구내 레스토랑, 라운지, 수영장, 세탁실, 무료 제빙기를 이용할 수 있다. 부모와 같은 방에서 자는 어린이는 무료로 숙박할 수 있다."

여행 도중 괜찮은 모텔에 묵는 것을 오로지 운에 맡겨야 했던 가족들이, 윌슨의 제안에 목말라 있었음은 두말할 필요가 없다.

거절할 수 없는 제안

투자수익률이 높은 제안

깨끗하고 괜찮은 방을 적당한 가격에 드립니다.

시금석

홀리데이인의 시금석은 '최고의 놀라움은 전혀 놀라지 않는 것입니다'로 시작한다. 그다음은 '어린이는 무료 숙박입니다' 였다. 그리고 그 시금석이 더는 주목받지 못하자, 현재는 다음과 같이 바뀌었다. '어린이 식사는 무료입니다.' 사람들이 광고가 전달하는 내용을 언제나 정확하게 이해하는 건 아니므로, 1968년에는 다소 진부한 느낌의 '당신이 1등입니다'가 등장했다.

신뢰성

당신이 해야 할 일은 홀리데이 인을 직접 살펴보는 것뿐이다(고객이 직접 눈으로 품질을 확인할 수 있는 제품을 판매하는 건 쉽다).

두 번째 잔

홀리데이 인이 큰돈을 번 것은 바로 두 번째 잔 덕분이다.

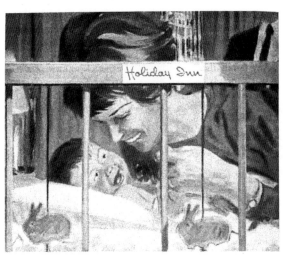

You're No. 1

Friends ask us why we don't say "We're No. 1" in the Inn-keeping industry. That's easy. Because <u>You're</u> No. 1

And you start being No. 1 pretty early around Holiday Inns. Say, for example, you're a member of the bassinet set. We've got an extra-comfortable baby bed waitig for you—and it's free.

You must be No. 1 to have such fine parents. But even No. 1 Mom and No. 1 Dad need some time to themselves. That's why we have baby sitters on call at every Holiday Inn.

When you're older, you'll enjoy the many other advantages Holiday Inns have to offer. But most of all, you'll appreciate the way we always treat you as No. 1. Which we've done—by the way—since Day 1.

For a free Passport Directory of all Holiday Inns, write:

HOLIDAY INNS OF AMERICA, INC.

DEPT. NO. 2-1, P.O. BOX 18216, MEMPHIS, TENN. 38118

USE YOUR CREDIT: WE HONOR AMERICAN EXPRESS, DINERS CLUD & CULF TRAVEL CARDS

'당신이 최고입니다'를 내세운 홀리데이인 광고

시설 내에 레스토랑과 자판기가 있었기 때문에 두 번째 잔 수익을 올렸지만, 정말로 대성공을 거둔 것은 반복 영업Repeat Business이었다. 1965년, 홀리데이 인은 당시 세계 최대의 민간 컴퓨터 네트워크였던 '홀리 덱스Holidex' 컴퓨터 시스템으로 호텔 산업에 혁명을 일으켰다. 테네시주 멤피스에 있는 IBM 중앙 컴퓨터 2대로 모든 홀리데이 지점은 통합 예약 시스템을 갖추게 되었다.

이로써 홀리데이 인의 한 지점 직원이 여행 중인 가족을 위해 하루가 걸리는 거리에 있는 다른 홀리데이 인 지점을 예약할 수 있게 되었다. 물론 가족들은 다음 숙소에서 '놀랄 만큼 곤란한 일을 겪지 않아도 되었기' 때문에 좋아했고, 그 결과 홀리데이 인은 쉽게 수익을 올렸다.

〈USA 투데이〉에서 윌슨은 이렇게 말했다. "그러한 시스템으로 경쟁사들보다 압도적인 우위를 점하게 되었습니다. 그 날부터 체인점을 내는 건 문제가 아니었습니다. 사람들이 서로 하겠다고 몰려드는 바람에 감당이 안 될 정도였으니까요."

위대한 공식을 정확히 그대로 이용하여 성공한
질레트 Gillette 안전면도기

불만을 느낀 여행자가 만든 또 다른 전설적인 비즈니스가 있다. 오늘날 우리는 일회용 안전면도기를 당연하게 여긴다. 요즘 면도칼로 면도를 하는 사람은 심지어 조금 별나다고 여겨지기도 한다. 면도칼로 해야 아주 깔끔한 면도를 할 수 있다고 주장하는 이들도 있지만, 나는 그러한 면도칼을 어떻게 써야 할지 모르겠다. 그래서 일회용 면도날로 다시 돌아갈 수밖에.

하지만 1895년에는 대안이 많지 않았다. 날카로운 면도칼은 남성 대부분이 선택했지만, 위험하고 유지 관리가 많이 필요했다.

킹 질레트 King Gillette는 (그의 본명이다. 결국 면도칼의 왕이 되기는 했지만) 매일 아침 일어나서 '스타 안전면도기 Star Safety Razor'로 면도했었다. 출장 영업사업으로서 질레트는 많은 날을 도로에서 보냈고, 종종 움직이는 기차 화장실에서 면도했다. 그 당시에는 그 안전면도기가 면도칼의 유일한 대안이었다.

기본적으로 손잡이에 90도 각도로 부착된 쐐기 모양의 칼날이었다. 사용하기 쉽고 일반적인 면도칼보다는 위험하지 않았지만, 질레트는 날카로운 날을 유지하기 위해 자주 날을 갈아줘야 하는 것이 불만이었다.

그는 문득 갈 필요가 없는 면도칼을 떠올렸다. 가장자리가 닳으면 버리고 홀더에 새것을 끼우기만 하면 되는 것이다. 그는 MIT 엔지니어 윌리엄 에머리 니커슨William Emory Nickerson과 팀을 이루었고, 그렇게 일회용 날이 탄생했다.

목마른 군중

그 당시 질레트와 같은 불만을 가진 이들이 많았으니 얼마나 큰 시장 규모였을까? 산업화 세상에서 거의 모든 남성은 매일 면도했다. 1915년, 그는 첫 '여성용 면도기'를 고안했고 '산업화 세상에서 불필요한 체모를 가진 모든 사람'으로 시장을 확대했다.

거절할 수 없는 제안

높은 투자수익률 제안

적당한 가격으로 피부를 베이지 않고 날을 갈아줄 필요가 없으며, 20일에서 40일 동안 쓸 수 있는 면도칼 패키지 구매할 수 있다. 사용자들은 정말로 돈과 시간을 아끼고 걱정을 덜었다.

시금석

시대가 변하면서 여러 해 동안 밋밋했던 '새로운 면도기입니다'부터 '질레트로 매년 15일 동안의 시간을 아낍니다', '1년에 50센트로 면도칼 10개를 추가해서 20개의 예리한 날이면 충분합니다', '날을 갈지 않아도, 세우지 않아도 됩니다'까지 여러 시금석을 선보였다.

질레트사는 시금석으로 브랜드 아이덴티티를 확고히 한 적이 전혀 없었고, 오늘날에도 '남성이 가질 수 있는 최고The Best A Man Can Get'와 같은 무미건조한 시금석으로 애쓰고 있다. 아마도 질레트사가 성공하게 된 것은 이러한 시금석 때문이 아니라 위대한 공식의 나머지 항목과 초기의 시장지배, 그리고 기술혁신 때문일 것이다.

신뢰성

초기 소비자의 신뢰를 쌓는 데 큰 몫을 담당한 홍보활동 가

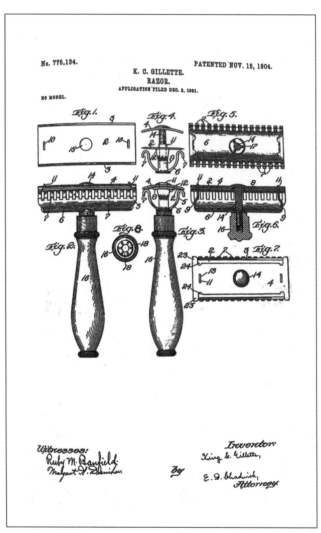

제품의 정교함을 강조한 질레트 면도기 광고

운데는 '명예의 전당'에 오른 호너스 와그너Honus Wagner, 20세기 초
반에 메이저리그에서 활동했던 전설적인 미국 야구 선수와 같은 유명한 야구
선수의 증언 광고가 있었다.

두 번째 잔

일회용 면도기는 전형적인 두 번째 잔 제품이다(생분해성이
아니면 환경에 잠재적으로 끔찍한 것이지만). '일회용'이라면 무엇
이든 훌륭한 '두 번째 잔' 전략을 만들 수 있다. 질레트는 크라
운 코르크Crown Cork 병뚜껑 회사에서 일하는 동안 일회용품이
금광이 될 수 있다는 것을 알게 됐다. 〈포춘〉에 따르면, 당시
그는 '사람들이 사용하고 나면 버리는 제품을 개발하라'라는
훌륭한 조언을 들었다.

질레트는 이러한 조언에 매우 흥분했다. "이 사업의 가장
큰 특징은 면도날을 끊임없이 소비하도록 만드는 것입니다.
그러므로 사용자가 살아있는 한 면도기 하나하나가 회사에
기여하는 셈이지요."

그는 질레트사의 진정한 가치는 구매자가 '평생 고객'이라
는 사실임을 간파했다. 하지만 일회용 면도날이 부착된 면도
기 구매에 필요한 값비싼 5달러를 사람들이 어떻게 받아들일
지에 대한 딜레마에 직면했다. 그는 (계속 쓸 수 있는) 상대적으

로 비싼 면도기가 품질이 좋다는 것을 소비자들에게 이해시키려고 온갖 노력을 기울였다. 그 후 1차 세계대전이 일어났을 때, 새로운 소비자들을 끌어들이기 위해 대담하고 위험한 아이디어를 떠올렸다.

질레트는 '입대하는 모든 군인에게 면도기를 주는 것이 어떻겠냐'고 제안했다. 이렇게 하는 데 막대한 초기 비용이 든다는 것을 알고 있었지만, 결국 새로운 평생 고객 확보로 얻는 이익이 비용보다 훨씬 더 클 것으로 생각했다.

회사의 경영진은 그의 아이디어에 흥분했고, 이를 좀 더 발전시켜 모든 군인에게 면도기 한 개를 주는 대신에, 정부에 원가로 면도칼과 면도기를 판매하는 인도주의적인 일을 했다. 정부는 이에 동의했고, 질레트는 보병들을 위해 특별 금속 케이스 면도 키트를 디자인하고 '군복을 입은 모든 남자라면 면도기는 꼭 필요하지요'라는 시금석을 새겨서 포장했다. 종전 때까지 정부는 350만 개의 면도기와 3,200만 개의 면도칼을 구매했다. 질레트는 원가로 판매했는데, 이를 통해 질레트에 돌아간 이점은 무엇이었을까?

젊은 군인들은 새로운 면도칼에 익숙해져서 고향으로 돌아왔고, 그러자 그들은 새로운 면도기의 추종자로 완전히 돌아서 있었다. 군사 독점 그 자체로는 수익성이 없었지만 결국 미

안전성을 강조한 질레트 면도기 광고

래의 이윤을 낳은 씨앗이었다. 더불어 회사는 사실상 위험 부담 없이 대규모의 기반을 다질 수 있었다.

제1차 세계대전 동안의 노력으로 질레트사는 엄청난 성공을 거뒀다. 조제프 스프랭Joseph Sprang 전 질레트 CEO는 이를 '기부했던 세월'이라고 불렀다. 회사는 껌부터 주머니칼과 고기 통조림에 이르기까지 생각할 수 있는 모든 것과 면도기를 함께 나누어 주었다. 1953년, 질레트는 두 번째 잔을 더욱 확대하였다. 그 회사는 캔에 담긴 셰이빙폼 제품을 출시했고, 수익은 폭발적으로 증가했다.

오늘날 질레트사는 대기업과 같이 배터리에서 칫솔에 이르기까지 너무 많은 제품을 판매하고 있기 때문에 확실한 정체성을 찾기가 어렵다. 하지만 질레트는 그 지점에 이르기까지 위대한 공식을 정확히 그대로 이용했다. 오늘날 코카콜라처럼 질레트는 세계에서 가장 가치 있는 10대 브랜드 중 하나로 널리 인정받고 있다.

연말, 연시 선물 추천을 강조하는 질레트 면도기 광고

역사상 가장 위대한 비즈니스 성공 사례 중 하나인
아마존닷컴 Amazon.com

1994년, 월스트리트 임원이었던 제프 베이조스Jeff Bezos는 인터넷 사용이 매년 2,300퍼센트라는 놀라운 속도로 증가하고 있다는 사실에 주목했다. 그는 전자 카탈로그로 이익을 보고 있는 틈새시장을 찾기 위해 통신 판매 사업체에 관해 조사했다. 그때까지 그 누구도 인식하고 있지 못하고 있었지만 적기에 무르익은 틈새시장이 있었는데, 그것은 바로 책이었다. 그 당시에는 출간된 책 전부를 목록화하여 파는 곳은 어디에도 없었다. 여기에는 분명한 이유가 있었다. 출간된 모든 책을 보관하는 창고는 너무 커서 수익성이 없었기 때문이다.

그래서 베이조스는 거실에 있는 테이블 위에 있는 선 워크스테이션Sun Workstation 3대를 사용해 자기 집에서 ('아브라카다브라'라는 단어에서 이름을 따온) 카다브라Cadabra를 시작했다. 테

76

이블은 홈 디포에서 60달러짜리 문으로 만들었다. 주요 서적 도매상들은 이미 보유한 서적들에 대한 전자 재고 시스템이 있었기 때문에, 그가 해야 할 일은 통합 재고를 관리하는 하나의 중앙 인터넷 사이트를 만드는 것이었다.

베이조스는 '카다브라'에 대해 이야기할 때마다 사람들이 이름을 '시체커대버, Cadaver'와 혼동하기 쉽다는 것을 알게 되었다. 그래서 지구에서 가장 긴 강인 '아마존'으로 바꾸었다. 그는 1995년 7월, 사이트를 오픈했고 9월까지 일주일에 2만 달러의 주문을 받았다. 결국 아마존닷컴은 현재 세계에서 가장 큰 서점이자 역사상 가장 위대한 비즈니스 성공 사례 중 하나가 되었다.

거절할 수 없는 제안
투자수익률이 높은 제안

당시 아마존은 다양한 책을 보유한 유일한 인터넷 사이트였다. 오프라인 서점에서 구입할 수 있는 것과 동일한 책을 구입할 수 있었고, 집에서 편안하게 전자 데이터베이스를 검색할 수 있기에 시간을 절약하게 되었다. 게다가 빠른 배송뿐만 아니라 가격도 싸서, 고객들은 상당히 만족했다.

〈와이어드Wired, 월간 미국 잡지〉에서 베이조스는 다음과 같이 말했다. "만약 당신의 브랜드가 오로지 가격 정책에만 의존한다면 언제 망할지 모른다. 하지만 당신의 브랜드가 좋은 가격과 훌륭한 서비스, 뛰어난 제품 선택을 바탕으로 한다면 훨씬 더 나은 위치를 차지한다."

시금석

아마존은 현재 서적 외에도 많은 물건을 판매하고 있어서 '지구상에서 가장 큰 서점'이라는 시금석보다 훨씬 규모가 커졌다. 하지만 오랫동안 사용된 이 시금석 덕분에 아마존은 분명히 시장에서 지배적인 위치를 차지하게 되었다.

신뢰성

1995년, 당시 온라인상의 화제E-Buzz 덕분에 운 좋게도 아마존은 무료로 상당한 홍보를 하게 됐다. '아마존이 최초'라는 사실 자체만으로도 언론의 화제가 되었고, 이는 최고의 신뢰성 구축 수단이 되었다. 언론에서 다루면 일반인들은 그 회사가 믿을 만해진다. 그러니 믿지 못할 이유가 무엇이겠는가?

목마른 군중

이전부터 도서 시장은 형성되어 있었다. 아마존이 등장하기 훨씬 전부터 매년 전 세계에서 수십억 달러 상당의 책이 팔리고 있었다. 그러므로 아마존의 예는 기존 시장이 이미 있다고 해도 그 제안이 거절할 수 없을 정도로 경쟁상대를 능가한다면, 특히 투자수익률이 높은 제안이라면 기존 시장을 장악할 수 있다는 것을 보여준다.

경쟁자들이 당신의 고객에게 확연하게 더 나은 서비스를 제공하면 브랜드 충성도는 무너진다. 하루도 빼놓지 않고 공짜 광고를 접하면 특히 그렇다. 고객들이 당신을 좋아하는 건 어디까지나 당신이 그 흥정의 한쪽 끝을 쥐고 있을 때다. 아마존은 다른 사람들에게 목마른 군중을 찾아내도록 하여 목마른 군중의 규모를 넓혔다. 제품을 추천하면 영업 성과가 나올 때마다 작은 커미션을 주는 '제휴 마케팅Affiliate Marketing'을 고안했다. 2003년까지 아마존은 100만 개 이상의 자유 영업을 하는 '제휴사'를 통해 전 세계의 목마른 사람들을 찾았다. 아마존 제휴사는 현재 아마존 매출의 약 40퍼센트를 담당하고 있다.

두 번째 잔

아마존닷컴은 분명 두 번째 잔 전략의 대가다. 고객들에게 뉴스레터와 제품 추천서를 보내는 등의 사후관리를 철저히 한다. 즉각적인 상향 판매와 교차 판매가 영업 프로세스에 원활하게 일어날 수 있게 했다. 고객들은 대게 온라인 도서 쇼핑몰, 하면 아마존을 가장 먼저 떠올린다. 이러한 브랜딩의 힘이 있기에 구매자들을 더 설득하지 않아도 알아서 다시 찾는다.

괴롭힘을 당했던 꼬마에서 세계 제일의 건장한 남성이 된
찰스 애틀러스 Charles Atlas

20세기 초 통속소설이나 만화책의 주요 내용 중 하나는 '괴롭힘을 당하고' 여자 친구를 건장한 인명 구조대에게 빼앗기는 '97파운드(약 44kg)의 약골 남자'에 관한 것이었다. 이 '찰스 애틀러스' 이야기는 뉴욕 코니아일랜드에서 애틀러스(원래 이름은 안젤로 찰스 시칠리아노로 알려진)가 10대였을 때 실제로 겪었던 일을 바탕으로 한 것으로 알려진다. 실제로 근육질의 인명 구조대가 모래를 차서 그의 얼굴에 뿌렸고, 마음이 식은 데이트 상대는 그를 떠났다.

얼마 지나지 않아 애틀러스는 브루클린 동물원에서 운동하는 큰 고양잇과의 동물을 보았고, 힘센 동물은 근육 운동으로 건강을 유지한다는 것을 깨달았다. 이미 지역 YMCA 체육관에 다니고는 있었지만, 코니아일랜드에서 겪었던 일을 계기로 애틀러스는 그때까지 하던 웨이트 트레이닝 방식에서 벗어나 '다이내믹 텐션Dynamic Tension'이라고 불리는 새로운 형태의 근육 운동법을 고안했다.

이러한 등척성Isometric 운동 방법으로 애틀러스는 마르고 볼품없는 약골에서, 멋지고 우람한 체격을 가진 사나이로 변신하는 데 성공했다. 등척성 운동이란 벽이나 책상 등 고정된 것을 밀거나 당겨서 하는 근력 운동이다. 애틀러스라는 이름은 고대 그리스의 아틀라스의 동상에서 따왔다고 하는 이야기가 전해진다(애틀러스는 신들의 왕인 제우스와 싸운 벌로 하늘을 받들고 있어야 했던 힘이 센 타이탄족의 일원이다).

거절할 수 없는 제안

높은 투자수익률 제안

찰스 애틀러스 유한회사가 제안한 운동법으로 운동한 사람들은 정말로 긍정적인 효과를 보았다.

시금석

당신이 '우표 한 장 값만 투자하여 신청만 하면 웨이트 운동을 하지 않고도 건장한 아도니스Adonis, 미소년가 되는 방법을 알려주는 〈건강과 체력을 영원히Everlasting Health And Strength〉라는 무료 책자를 받게 된다.

신뢰성

애틀러스는 매디슨 스퀘어 가든에서 열린 보디빌딩 대회에서 '세계에서 가장 건장한 완벽한 근육맨'이라는 타이틀을 거머쥔 것으로 유명하다. 바로 그 성공을 발판으로 다이내믹 텐션 프로그램의 이점을 광고해서 관중을 끌어모았다.

목마른 군중

1928년, 애틀러스는 광고계 중역 찰스 P.로만Charles P. Roman과 팀을 이뤘다. 그는 애틀러스의 이야기를 듣고 나서 괴롭힘을 당한 경험이 있는 청년이라면 한 번쯤은 남몰래 '불한당을 물리치고 연인을 쟁취하는 상상을 해본다'는 것을 알게 됐다. 또한, 로만은 젊은 남성들이 보통 싸구려 통속소설과 만화책을 읽는다는 사실을 발견했다. 이를 통해 정서적으로 힘들어서 극도로 목마른 이들에게 쉽게 다가갈 수 있다는 점을 주시했다. 그들은 애틀러스의 코니아일랜드 경험을 바탕으로 '맥이야기Mac's Story' 또는 '맥을 사람으로 만든 모욕적인 사건The Insult That Made A Man Out Of Mac'이라는 단편 연재만화를 만들었다. 이 만화는 만화책과 신문에 실려 엄청난 인기를 누렸다.

두 번째 잔

찰스 애틀러스 유한회사는 (내가 마음에 들어하는) '우표 값만 투자하세요'라는 문구를 미끼로 던져 공짜 책으로 고객들을 낚았다. 한 장을 내건 고객들에게 무료 책자를 보내서 사로잡았고 '7일' 후에 효과를 장담하는 1년 코스의 운동프로그램을 상향 판매했다.

오늘날 찰스 애틀러스 유한회사는 비타민 보충제와 운동기구 제작에 눈을 돌렸다. 인기를 이어가고 있는 애틀러스 책자는 7개 언어로 번역되었다. 애틀러스의 광고는 수십 년 동안 대중잡지의 주요 고객이었다.

자동차 대중화의 성공 모델 T
틴 리지 Tin Lizzie

1903년, 자동차가 사치스러운 장난감으로 여겨지고 매우 부유한 사람들만이 즐겼던 시절, 헨리 포드는 포드 자동차를 설립했다. 포드는 언젠가 '대중을 위한 자동차를 만들 것'이라는 선언으로 유명했고, 실제로 이를 실현했다. 1908년, 출시된 ('틴 리치라는 애칭으로 알려진) 모델 T는 950달러로, 당시 다른 자동차의 3분의 1 수준이었다.

포드는 조립 공정 발명으로 제조 산업에 혁명을 일으켰다. 이로써 모델 T의 생산 시간은 12시간에서 93분으로 단축되었다. 그런 다음 그는 생산량을 극적으로 늘릴 수 있는 다른 여러 가지 혁신적인 방법을 도입했다. 그는 직원들에게 시간당 5달러를 지급했는데, 이는 경쟁사보다 거의 두 배에 달하는 금액이었다. 더불어 하루 3교대로 일할 수 있도록 8시간으로 근무 시간을 단축했다.

　1914년, 포드는 308,162대의 자동차를 생산했는데, 이는 기존 자동차 생산업체 299곳의 생산량을 합친 것보다 더 많다. 1927년까지 포드의 혁신적인 제조 기술로 24초마다 새 자동차를 생산할 수 있었다. 모델 T는 19년 동안 생산됐고, 단종될 때까지 미국에서만 15,500,000대 판매됐다.

거절할 수 없는 제안

투자수익률이 높은 제안

　이제 평범한 이들도, 다시 말해 카레이서가 아니어도 T형 포드를 타고 그 수준의 다른 차들보다 10배는 더 빨리 이동할 수 있다. 도로에서 가장 빠르거나 가장 멋진 기계는 아니었지만, 저렴하고 안정적이었다.

시금석

　3분의 1 가격으로 자동차를 소유하세요.

신뢰성

　위대한 혁신가에게 언론의 힘은 놀라운 선물을 선사한다. 화제의 대상이 되면, 자연스럽게 홍보가 엄청나게 될 것이고 전례 없이 인정받을 것이다. 1914년까지 모델 T가 너무 잘 판매되다 보니, 포드는 전국 광고의 대부분을 철회했다는 점은 흥미롭다. 광고할 필요가 있겠는가? 1917년까지 포드사는 광고를 완전히 중단했다. 1923년이 되어서야 포드의 광고는 첫 자가용을 원하는 여성 운전자와 젊은 남성들을 대상으로 다시 시작되었다.

목마른 군중

이 제품은 전 세계적으로 관심을 모았다. 대다수의 사람이 더 빠르게 장소를 옮겨 다닐 수 있었으면 하고 갈망했다. 오늘날 목마른 이들을 찾는데 '개인용 제트 팩Jet Packs, 1인용 비행 장치들을 일컫는 말'은 얼마나 걸릴 것 같은가? 그 당시 자동차에 목말라 하는 군중을 찾는 일도 마찬가지였다.

두 번째 잔

오늘날 포드사 웹사이트를 살펴보면 두 번째 잔 제품이 실로 다양하다는 사실을 확인할 수 있다. 당신이 소유하고 있는 차가 낡았을 때(또는 가족을 위해 차를 사고 싶을 때 다른 포드 자동차가 있을 때) 새로운 차로 교체하는 건 분명하지만, 두 번째 잔의 가능성은 거기에서 멈추지 않는다.

포드사는 차량 금융 서비스, 교체 부품, 수리 서비스, 차량 보험 및 브랜드와 관련된 다양한 액세서리와 상품을 제공한다. 더불어 포드, 링컨 및 머큐리 자동차 제조업체 보증을 연장하는 수익성 높은 포드 익스텐디드 서비스 플랜Ford Extended Service Plan을 제공한다.

에드먼즈 베이킹파우더와
뉴질랜드 역사상 가장 성공한 요리책

1879년, 뉴질랜드에서 식료품점을 운영했던 토마스 에드먼즈 Thomas J. Edmonds는 고객들이 당시 쓸 수 있는 베이킹파우더의 품질에 대해 자주 불평한다는 걸 알아차렸다. 고객들은 그의 가게에 와서 케이크와 스콘이 부풀어 오르지 않았다고 한탄했다. 이에 에드먼즈는 매번 부풀 것이라고 자신하는 자신만의 베이킹파우더를 직접 개발했고, 그래서 실패율 제로인 획기적인 베이킹파우더가 탄생했다.

1907년, 그는 검증된 요리법과 비법을 담은 50페이지 분량의 요리책을 출간했다. 각각의 요리법에는 에드먼즈 제품이 하나 이상 포함됐다. 《에드먼즈 요리책Edmonds Cookery Book》은 뉴질랜드 역사상 가장 성공한 요리책이 되었다. 사실, 이 책은 오늘날까지 여전히 뉴질랜드에서 출판된 책 중 가장 많이 팔린 것이며, 이제는 독립해서 첫 아파트로 이사하는 젊은이들에게 '그 좋은 요리책'을 주는 것이 하나의 문화가 되었을 정도다. 베이킹 상품 코너에 이 책이 한 권도 비치되어 있지 않은 식료품점은 거의 찾아볼 수 없으며, 그곳에서 찾을 수 있는 유일한 요리책일 가능성도 높다.

나의 훌륭한 개인 비서인 안나 스틸라맨Anna Stillaman은 뉴질랜드인이다. 그녀는 이 책이 뉴질랜드 문화와 본질적으로 얼마나 관련이 있는지를 알려주기 위해 이 이야기를 들려줬다. 뉴질랜드인들 저녁 식사 메뉴를 정하지 못하면 베이킹 상품 코너로 가서 《에드먼즈 요리책》을 뒤적거린다고 한다.

에드먼즈 요리책 표지

거절할 수 없는 제안
투자수익률이 높은 제안

에드먼즈는 '매번 부풀어 오르는 베이킹파우더'라고 했는데, 제대로 부풀어 올라 그 사실이 증명되었다. 그 당시 뉴질랜드 여성들은 요리에서 실패해서는 안 되며 잘해야 한다는 엄청난 강박관념이 있었기 때문에, 그 제안은 거절하기 어려웠던 것이었다.

시금석

"확실히 부풀어 오릅니다."

신뢰성

모든 사람들이 원하는 뭔가를 하고 있다고 주장할 때는 많은 것이 필요 없다고 생각한다. 사람들이 적어도 시도를 해보는 것으로 충분하고, 한 번 써보면 입소문이 저절로 날 것이기 때문이다.

두 번째 잔

여기서 진정한 천재의 면모를 볼 수 있다. 에드먼즈는 자연스럽게 두 번째 잔으로 《에드먼즈 요리책》을 제안했다. 하지만 여기서 그치지 않았다. 시간이 흐르면서 새로운 요리 제품을 출시했으며, 충실한 요리책의 믿을만한 요리법에 에드먼즈의 최신 제품이 모두 포함되도록 내용을 업데이트하면서 요리책과 제품은 더 잘 팔렸다.

무료 샘플 및 테스트 제공 중심 영업의 성공,
에스티 로더^{Estée Lauder}

에스티 로더는 1930년대에 설립되었고, 화학자^{Chemist}였던 삼촌 존 쇼츠^{John Schotz}가 개발한 페이스 크림을 집 뒤에 있는 임시 실험실에서 판매하면서부터였다. 하지만 로더는 자신만의 기업을 만들고 싶었고, 그래서 주방에서 스스로 재료들을 혼합하여 이것저것 실험하기 시작했다. 몇 가지 훌륭한 조제 제품을 만들었고, 높은 가격에 부티크 매장에 제품을 공급하기 시작했다.

그녀는 자기 일에 대한 열정이 너무 강해서, 제품이 팔릴 거라고 확신하며 직접 삭스 피프스 애비뉴^{Saks Fifth Avenue, 미국의 고급 백화점} 체인에 가서 지나가는 여성들의 손에 일일이 크림을 발라줬다. 그것만으로도 입소문이 퍼질 것이라고 예상했는데, 그녀의 생각은 옳았다. 크림을 발라본 대부분 여성에게 바로 인기를 얻었다.

심지어 삭스 피프스 애비뉴에서 쇼핑하는 여성들에게 샘플 크림을 발라보라고 했다. 그녀의 열정은 가히 전설적이었고, 사업 성공도 마찬가지였다. 현재 모든 주요 백화점에서 다양한 에스티 로더 제품들이 판매되고 있다.

거절할 수 없는 제안

투자 수익률이 높은 제안

제품들의 품질은 정말 뛰어나서 실제로 제품을 바르면 피부 결이 되살아나고 감촉이 좋아졌다.

시금석

그녀의 시금석은 언어적이라기보다는 운동 감각적Kinesthetic이었다. 다시 말해 말로 하기 보다는 피부로 느끼는 것이었다. 매장에서 무료 샘플 및 테스트 제공을 중심으로 영업이 이뤄졌다. 일단 제품을 발라본 이들은 고객이 될 수밖에 없었다. 나중에 그녀는 '구매 시마다 사은품을 드려요A Free Gift With Every Purchase'라는 언어적인 시금석도 만들었다.

신뢰성

로더는 보통 사람들이 존경하고 우러러보는 영화배우들과 귀족들의 인정을 받기 위해 노력했다. 부유하고 아름다운 사람들이 홍보하면 자신의 제품에 높은 품질과 가치에 대한 신뢰가 더해질 것이라는 점을 이해했다. 모나코 왕비 그레이스 켈리는 로더에 대해서 "나는 그녀를 잘 모르지만, 이 모든 제품을 계속 보내주는군요"라고 말했다.

에스티 로더 제품의 높은 가격은 신뢰성을 더하는 요소이기도 했다. 전후 유럽에서는 프리미엄 가격 책정이 흔치 않은 일이었고, 제조업체는 더욱 저렴한 제품의 시장으로 진출하려고 했던 시기였다. 하지만 로더는 작은 사치에 대한 갈망을 빠르고 정확하게 예측했다. 페이스 크림은 확실히 생활필수품이라기보다는 사치품이었다. 그 예측은 명중했고, 사람들은 고가 제품이 좋은 품질을 뜻한다고 여겼다.

목마른 군중

로더는 최고급 향수 매장, 백화점과 전문 소매점에 입점하려고 부단히 애를 썼다. 목마른 이들은 이미 준비가 되어 있었고, 그녀는 그러한 군중을 붙잡기만 하면 됐다.

두 번째 잔

'제품을 구입할 때마다 사은품을 드려요'라는 시금석은 두 번째 잔의 물결을 만들어 냈다. 에스티로더 제품을 구매할 때마다 주는 '사은품' 형태로 직접 써 보게 하여 다른 에스티 로더 제품을 광고한 셈이다. 이는 매우 지능적이고 효과적인 마케팅이다.

데이트를 상품화하여 성공한
테이블 포 식스 Table For Six

오늘날 데이트 상대를 찾는 독신자들은 상대를 발견하기가 무척 힘들다. 마케터들은 우리가 모두를 이성을 밝히는 상태로 몰아넣으려고 애를 쓰고 있다. 하지만 여전히 미국의 많은 지역에서 여성이 남성만큼 성적으로 활발한 것을 사회적으로 받아들이지는 못한다. 이러한 상황에서 테이블 포 식스는 반가운 대안을 제시한다. 연회비를 내면 나이와 관심사에 따라 당신을 6명(남자 3명, 여자 3명)의 그룹과 연결해 시내에서 고급스러운 곳에서 시간을 보내거나 '모험'을 즐기도록 해주기 때문이다.

거절할 수 없는 제안

투자수익률이 높은 제안

합리적인 비용에 스트레스 없이 많은 소개를 받는다. 어색한 전화 통화도 없으며, 더불어 망친 데이트에 대한 어색한 침묵도 없으니 너무나 만족스러운 만남이 아닐 수 없다.

시금석

"나이, 관심사, 라이프 스타일이 비슷한 미혼 남성 3명과 미혼 여성 3명을 매칭하여 고급 레스토랑에서 함께 식사하실 수 있도록 주선해 드립니다."

신뢰성

실제로 데이트를 해 본 사람들의 증언들을 광고에 많이 넣는다. 추천사와 사회적 증명을 포함한다. 또한, 친구가 친구에게 자신의 모험에 관해 이야기하는 입소문으로 신뢰도를 높일 가능성이 크다.

목마른 사람들

테이블 포 식스 광고는 데이트에 목마른 세련된 독자층들이 찾아볼 것 같은 트렌디한 샌프란시스코 베이 지역 간행물에 광고를 게재한다.

두 번째 잔

광고 효과를 노리며 기꺼이 비용을 떠맡는 레스토랑이나 여행사들과 계약을 맺는다.

다이렉트 마케팅과 인터넷 마케팅의 세계에는 매년 엄청난 혁신을 이뤄내는 사람들이 있지만, 마땅히 받아야 할 명성을 거의 얻지 못한다. 이번 파트에는 수익을 늘리기 위해 위대한 공식의 다양한 측면을 이용하는 혁신적이고 때로는 충격적인 방법을 소개하는 열광적인 이들의 이야기, 기사 및 사례 연구가 담겨 있다.

03

위대한 공식
활용하기
_실전 편

조 슈거맨 Joe Sugarman
- DM 마케팅으로 성공을 거둔 피카소 타일 일루전

JS&A의 조 슈거맨과 블루 블로커BluBlocker 명성처럼 일부 기고자들은 소규모 기업가 또는 혁신가로 시작했지만, 비즈니스 아이콘이 됐다. 다른 사람들은 세상에 거의 알려지지 않았지만 일에서 벗어난 삶의 방식을 꾀하고 있다. 그래서 광범위한 산업과 다양한 기술 수준을 지닌 다양한 사람들을 선정했다.

여기서 주목해야 할 중요한 점은 각각의 글에서 위대한 공식이 모든 비즈니스 및 산업에 적용될 수 있음을 보여준다는 것이다. 창업 자본으로 1백만 달러가 있는지 혹은 신용 카드로 자금을 조달하는지는 중요치 않다. 위대한 공식은 매번 당신의 이익을 극적으로 증가시킬 것이다. 각 기고자에게 다음과 같이 질문했다.

- 사람들이 그들의 제품에 목마른 사람들을 알아보고 다루는 다양한 방법은 무엇인가?
- 고객에게(기본적으로 최초 판매 후) 두 번째 잔 제안을 한 다양한 방법은 무엇인가?
- 지난날 당신이 했던 멋진 방법들은 어떤 것인가?

앤드루 폭스Andrew Fox와 같은 일부는 질문에 바로 답했다. 게리 할버트Gary Halbert 같은 일부 사람들은 위대한 공식의 사용에 대해 멋지게 쓴 원고를 잃어버려서 다시 인쇄해 달라고 부탁했다. 조Joe Vitale 박사 같은 다른 이들은 요점이 담긴 이야기를 들려줬다. 사례마다 특별한 가치가 있기에 단서를 찾는 탐정처럼 모든 내용을 꼼꼼히 살펴보길 바란다.

조 슈거맨은 마케팅의 전설이자 모두 네바다주 라스베이거스에 기반을 둔 JS&A 그룹, 블루블로커 및 델스타 출판DelStar Publishing의 회장이다. 그는 시카고 지역에서 자랐고 마이애미 대학교 전기 공학 대학에서 3년 반을 다닌 다음 1962년, 미 육군에 징집되었다. 독일에서 육군 정보국에서 3년 이상 복무했고, 그 후에 CIA에서 근무했다.

고향으로 돌아온 조는 오스트리아 스키 리프트 판매 회사를 설립했다. 그 후 1971년, 다이렉트 마케팅으로 세계 최초의

휴대용 계산기를 판매하는 회사를 설립했다(두 회사 모두 일리노이주 노스브룩에 있는 자신의 집 지하실에 차렸다).

JS&A 그룹은 미국 최대의 우주 시대 제품 단일 공급업체로 빠르게 성장했으며 1970년대 내내 조는 디지털시계, 무선 전화와 컴퓨터를 비롯한 수십 가지의 새로운 혁신과 전자제품 개념을 소개했다.

1973년, JS&A 그룹은 800 WATS 회선 서비스를 이용해 전화로 신용 카드 주문을 받는 미국 최초의 회사가 되었는데, 이는 다이렉트 마케터들이 이전에 한 번도 해본 적 없는 방법이었다. 1979년, 조는 올해의 다이렉트 마케터로 선정됐다.

5권의 책을 출간했고 수많은 마케팅 세미나를 했던 1990년, 조는 모든 에너지를 블루블로커 선글라스에 집중하기로 했다. 그는 다이렉트 메일링, 통신 판매 광고, 카탈로그, TV 인포머셜 그리고 홈쇼핑 채널인 QVC를 통해 선글라스를 판매했다. 그는 이런 다이렉트 마케팅 분야의 초기 개척자 중 한 명으로 1987년에 진출했으며, 그 이후 블루블로커 선글라스는 인포머셜로 7백만 개 이상, 전 세계적으로 2천만 개가 판매됐다! 1991년, 조는 다이렉트 마케팅에 대한 창의적인 경력 기여로 권위 있는 맥스웰 색하임Maxwell Sackheim, 1900년대 초반 광고계의 거물 상을 받았다.

그뿐만 아니라, 조는 프로 사진작가, 그래픽 디자이너, 조종사, 스쿠버 다이버에 연설가이기도 하다. 2000년부터 2005년까지 그는 하와이에서 가장 빠르게 성장한 신문사 중 한 곳이었던 마우이 위클리Maui Weekly의 편집자이자 발행인으로 일했으며, 그 신문사는 웨스트버지니아 신문 체인에 매각했다. 조슈가맨에 대해 더 알고 싶다면, www.blublocker.com을 방문해 보라.

1976년, 내가 이용한 후 아무도 이용하지 않았다는 것이 놀라울 정도로 매우 효과가 있었던 한 가지 아이디어가 있다. 나는 파블로 피카소의 라이선스 에이전트였던 이를 만났다. 1973년에 타계한 난 피카소의 작품은 너무나 인기가 있어서 라이선스 회사는 그의 작품으로 침대 시트에서 다양한 가정용품에 이르기까지 모든 것을 라이선스할 수 있었다.

그 라이선스 에이전트에 대해 잘 알게 되었다. 그러던 어느 날 그가 내게 와서 피카소 작품 이미지를 6×6인치 크기의 6개 타일로 만들면 어떨까 하는 한 가지 제안을 했다. 이전에 한 번도 해본 적이 없었고, 게다가 한정판 상품으로 피카소 일가의 라이선스를 받은 것이다.

그 아이디어가 마음에 들었는데, 무엇보다도 조금 재미있다고 생각했다. 먼저 타일로 된 한정 수량의 작품을 판매하는 것도 괜찮았지만, 상시 판매하는 사업으로 발전시키고 싶었다. 그리고 내가 제안을 우편으로 보낼 수 있는 유력한 잠재고객의 메일링 리스트가 없다는 것을 알게 됐다. 어쨌든 리스트를 작성하는 데 몇 년이 걸린다는 걸 알았다. 타일이 새로운 예술 형태였기에, 구매자들의 저항에 부딪힐 수도 있었다.

마케팅 면에서 과제가 많았다. 우선 메일링 리스트 어떻게든 구축해야 했다. 둘째, 세계적으로 저명한 예술가와 누구도 본 적 없는 작품 형태의 가치를 탄탄히 세워야 했다. 마지막으로 빨리해야 했다. 회사 설립에 몇 년을 기다리고 싶지 않았다. 그래서 이렇게 했다.

〈월스트리트 저널Wall Street Journal〉에서 타일 당 7달러로 매우 합리적인 가격으로 타일 6개로 구성된 한정판 세트를 판매한다는 전면 광고를 내걸었다. 게다가 제시한 가격으로 단 1,250세트만 판매할 수 있고, 수익을 올리려는 것이 아니라고 설명했다. 사실 타일 제작비용과 광고비용을 알려서 남는 마진이 없다는 걸 보여줬다. 또한, 분명 초과 판매가 예상되기에 타일 구매 가능 고객을 '무작위 선정 과정'으로 정할 것이라고 했다. 즉, 컴퓨터로 우리의 고객이 될 사람들을 무작위로 고를 것이다. 선정되지 않은 사람들은 그 제품 시리즈를 구매할 수 없다.

이러한 광고는 큰 성공을 거뒀다. 1,250개 타일 세트는 완판됐을 뿐만 아니라 총 8,000건의 구매요건을 받았지만, 대부분 거절해야 했다. 하룻밤 사이에 우리는 광범위하고 최신의 메일링 리스트를 만들었다. 이 리스트는 구매 기회를 거절당한 고객들로 구성되었다. 게다가, 특이한 작품 형태에 초점을 맞추지 않았다. 타일이든 캔버스든 새로운 소장품의 제한적 구매 가능성이라는 성격이 더 중요했기 때문이다. 결국 다음 제품을 사고 싶어 하는 8,000명에게 우편물을 보낼 수 있었고(그 결과 〈월스트리트 저널〉의 비싼 광고료를 아꼈고), 당연히 상당한 이익을 얻을 수 있었다. 이것이 바로 우리의 피카소 타일 시리즈에 이은 영업 스타일이었다.

처음 보낸 우편물에서 65.8퍼센트의 응답률을 기록했는데, 이는 내 경력 중 가장 높은 응답률 중 하나이자 내가 들어봤던 가장 큰 응답률 중 하나였다. 일반적으로 응답률이 2퍼센트면 좋은 것으로 여겨진다. 후속 프로모션은 매우 성공적이었고, 견고한 8,000명의 리스트를 바탕으로 그 후 몇 년 동안 훌륭히 비즈니스를 이끌어 갈 수 있었다.

누군가에게 무언가를 거절하고, 거절당한 고객들의 메일링 리스트를 만들어 나중에 그들에게 무언가를 제안해서, 가만히 앉아서 수익을 점검한다. 이는 작은 사업을 하는 데 나쁘지 않은 방법이다. 수입이 좋은 건 말할 것도 없다.

개리 핼버트 Gary Halbert
361단어로 된 한 페이지 분량의 세일즈 레터의 힘

개리 핼버트는 가문家紋의 제품을 판매하기 위해 361단어로 된 한 페이지 분량의 세일즈 레터를 작성하면서 다이렉팅 마케팅 일을 시작했다. 그 레터가 발송된 후, 오늘날의 화폐 가치로 하루에 33만 달러에 해당하는 총수입을 올리고 있었다. 그 레터는 (수정본을 포함) 30년 넘게 발송됐다.

개리의 고객들 중에는 론 르그랑Ron LeGrand, 저술가, 로버트 앨런Robert Allen, 투자 자문가, 마크 빅터 한센Mark Victor Hansen, 작가, 배우 어니스트 보그나인과 사업가 토바 보그나인 부부Ernest And Tova Borgnine, 비키 라모타Vikki LaMatta, 모델, 필립스 출판사Phillips Publishing, CASI 출판사CASI Publishing, 아고라 파이낸셜Agora Financial, 메릴랜드주 볼티모어에 있는 비상장 출판사 등이 있다. 다른 고객들도 너무 많아서 다 언급할 수가 없을 정도다.

개리가 필립스 출판사에 쓴 레터 중 하나는 첫 페이지에 1페니를 붙여서 시선을 사로잡았다. 필립스 출판은 모든 메일링 리스트에 있는 고객들에게 편지를 보내려고 실제로 덴버 조폐국에 페니 동전 수백만 개를 추가로 찍어달라고 했다. 추가 비용에도 개리의 세일즈 레터로 필립스 출판사는 막대한 수익을 올렸다.

1984년, 개리의 전화 판매 사업이 법에 위반되는 일이 있어서, 그는 보론^{Boron} 주 교도소에서 1년을 복역했다. 그 기간에 아들 본드에게 편지로 인생, 가족, 그리고 다이렉트 마케팅에 대한 지식을 전했다. 개리는 아들에게 보낸 매우 개인적인 편지 두 통을 내가 이 책에 실을 수 있도록 관대하게 허락해 주었다.

현재 개리는 세계에서 가장 널리 읽히는 마케팅 뉴스레터를 발행 중이다. 훌륭한 웹사이트인 www.TheGaryHalbertLetter.com에서 개리 핼버트에 대해 더 자세히 알 수 있다.

1984년 6월 17일

일요일 오전 10:16

본드에게

이런저런 이야기는 생략하마. 난 다시 '시장에 대해 관심이 많은 사람'이 되는 화제로 다시 넘어갈 거니까. 너도 알겠지만 내가 가끔 저작권과 통신 판매 영업 수업 동안, 학생들에게 물어보는 한 가지 질문이 있어. "여러분과 내가 햄버거 가게를 운영하고 있고, 누가 가장 많은 햄버거를 파는지 겨루고 있다면, 당신은 어떤 장점을 가장 갖고 싶니?"

이에 대한 대답은 다양하단다. 어떤 이들은 햄버거를 만들 수 있는 최고 품질의 고기가 있었으면 좋겠다고 해. 또 어떤 이들은 참깨 번을 원하고, 또 다른 이는 위치에 대해 이야기해. 어떤 사람은 최저가로 판매하고 싶다고 하지. 그리고 기타 등등 다양한 답변이 나와.

어쨌든 이러한 학생들의 의견을 듣고 나서, 난 이렇게 답변한단다. "좋아요. 그럼 내가 여러분이 부탁한 이점을 모두 제공할게요. 대신 난 단 한 가지 이점만을 원합니다. 그런데 여러분이 그걸 나한테 주면, 햄버거 판매에서 여러분 모두 완패할 거예요!"

"무슨 이점을 원하는데요?"

"내가 원하는 단 하나의 이점은 바로 '굶주린 군중'이에요!"

생각해 봐.

여기서 내가 말하고 싶은 건 특정 제품이나 서비스에 대해 굶주리고 있는 (또는 적어도 배고픈) 사람들(시장) 그룹을 지속해서 살펴야 한다는 거야.

이런 배고픔을 어떻게 측정하느냐고? 다행히도 메일링 리스트를 이용한다면, 이는 상당히 쉽단다. 예를 들어볼게. 투자 방법과 관련 서적을 판매하고 싶고, 이 책 판매용으로 고안된 다이렉트 메일 프로모션을 만들었다고 가정해 보자. 그럼 누구에게 너의 판촉물을 보낼 거니? 여기에는 몇 가지 가능성이 있어.

가능성 #1

전화번호부에서 이름과 주소를 알아낸 이들에게 모두 우편물을 보낸다.

의견: 이건 형편없는 생각이야. 이런 종류의 그룹에는 잠재 고객이 아닌 사람들이 너무 많기 때문이다. 전화번호부에 실린 이들의 유일한 공통점은 단 하나 '모두 전화가 있다'는 점이야. 하지만 어떤 사람들은 투자할 돈이 없어. 일부는 통신 판매로 아무것도 구매하지 않아. 일부는 너무 바빠서 우편물을 볼 시간이 없고, 일부는 문맹이야! 즉, 무효 부수Waste Circulation, 배포된 신문, 잡지 등 중에 광고 효과를 얻지 못한 것가 너무 많아. 이는 소총 대신 산탄총을 쏘는 것과 같아.

가능성 #2

전화번호부에서 이름과 주소를 알게 된 사람들 중 고소득 지역 거주민들에게만 보낸다.

의견 : 이건 조금 더 나은 방법이긴 하지만 그래도 부족해. 부수적으로 여러 회사에서 미국의 모든 우편번호에 대한 통계를 집계하고 각 우편번호의 1인당 평균 소득을 매우 정확하게 알려주기 때문에 고소득 지역은 쉽게 확인할 수 있긴 하지. 또 평균 교육 수준, 평균 연령, 자동차와 기타 여러 가지 지출 금액도 알 수 있지. 하지만 내가 말했듯이, 여전히 만족스럽지는 않아. 우선 고소득 지역에 산다고 해서 모두가 고소득자는 아니거든. 일부는 청소부, 정원사 또는 다른 유형의 고용인일 수도 있어(생각해 보면, 몇몇 정원사들은 부유할 수도 있어). 이들 중 일부는 돈이 있지만, 투자에 관심이 없어. 몇몇은 항상 서점에서 책을 사도 통신 판매로 절대 구매를 하지 않을 거야. 몇몇은 영어를 못 읽어(우리나라에는 부유한 외국인들이 점점 늘어나고 있어). 일부는 투자할 돈이 있지만 이미 전문 지식이 있는 분야의 투자에만 관심이 있지. 어쨌든 또 소총 대신 산탄총을 쏘는 셈이지. 다시 한번 말하지만, 무효 부수가 너무 많아. 그렇다면 조금 더 잘할 수 있는 방법이 있는지 알아보도록 하자고.

가능성 #3

의사, 변호사, 건축가, 최고 경영자, 회계사, 고가 주택 소유자, 롤스로이스 자동차 소유자와 같이 상대적 평균 이상의 소득이 있다고 비교적 확신하는 이들에게 우편물을 보낸다.

의견: 나쁘지 않아. 이제 적어도 기회가 있는 영역으로 들어가고 있어. 비교적 이들 대부분이 투자에 관심을 가질 수 있을 만큼 소득이 어느 정도 높다는 점을 확신할 수 있지. 그 사람들의 관심 여부를 알 수는 없지만, 적어도 관심이 있다면 투자 능력이 있을 거야. 이 그룹에 속하는 사람들은 처음에 말했던 두 그룹보다 분명 우리의 권유에 더 잘 반응할 가능성이 크지만, 보다시피 우리는 훨씬 더 잘할 수 있어.

가능성 #4

통신 판매 구매자로 검증된 상위 소득자들에게 판촉물을 보낼 수 있어. 무슨 구매자일까? 실제로 통신 판매 목적 면에서 통신 판매 구매자가 비-통신 판매 구매자들보다는 낫다는 것은 전반적으로 사실이야. 이 경우, 그들이 부유한 통신 판매 구매자여야 한다는 추가 조건을 더했어.

의견: 이제 우리는 비즈니스를 시작하는 거야. 합리적인 성공 기회를 제공하는 첫 번째 그룹이야. 나쁘지 않아. 하지만 좀더 현명한 방법이 분명히 있을거야. 그러니 그걸 알아서 좀더 훌륭한 성과를 내보자고.

가능성 #5

통신 판매로 다른 투자 서적을 주문한 부유한 사람들에게 판촉물을 보낼 수 있어.

의견 : 빙고! 이제야 이해를 한 거야? 이보다 좋은 게 있을까? 그들은 고소득층이고 통신 판매 구매자들이야. 우리 제품과 비슷한 제품을 통신 판매로 구매했어. 이보다 더 좋을 수 없어. 방금 새로운 리스트가 생겼어! 그런데 여기에도 문제는 있어. 그럼 계속 살펴보자.

가능성 #6

우리와 비슷한 제품을(통신 판매로) 여러 번 구매한 부유한 사람들에게 판촉물을 보낼 수 있어.

의견 : 그래! 이제야 일이 진행되고 있어! 생각해 봐. 그 사람들은 통신 판매 구매자들이야. 그들은 부유해! 우리 제품과 비슷한 것을 구매했어. 이런 종류의 제품을 반복적으로 구매하는 이들이야. 얼마나 좋니! 더 좋을 수 있을까? 맞아, 그럴 수 있어! 계속 읽어 봐.

가능성 #7

우리와 비슷한 제품을(통신 판매로) 여러 번 구매했고, 구매한 제품에 큰돈을 지불했던 부유한 사람들에게 판촉물을 보낼 수 있어.

의견 : 좋아. 이 사람들은 우리가 우편으로 보낼 수 있는 최고 중 최고의 리스트에 매우 가까워졌어. 하지만 아직 최선은 아니야. 왜 내가 최고에 '매우 가까워졌다'라고 말했을까? 어쨌든, 우리가 뭘 더 바랄 수 있을까?

가능성 #8

우리와 비슷한 제품을 (통신 판매로) 여러 번 구매했고, 구매한 제품에 큰돈을 지불했으며, 아주 최근에 구매했던 이들에게 판촉물을 보낼 수 있어.

의견 : 우리가 구할 수 있는 상당히 좋은 리스트이고, 사용료를 낼 수 있는 분명 최고의 리스트이야. 하지만 아직은 아니야. 계속 읽어보렴.

가능성 #9

가능성 8의 모든 특징을 갖추고 우리의 친절한 고객 리스트 브로커가 우리와 비슷한 홍보를 하는 다른 통신 판매업자들이 맹렬하게 영업 중이라고 알려준 리스트의 사람들에게 판촉물을 보낼 수 있어.

의견 : 여러 가지 이유로 성과를 내지 못하는 리스트들이 많아. 그 이유를 누가 알까? 이유는 중요치 않아. 어떤 명단이 반응이 있느냐 없느냐가 중요하지. 어떤 명단이 반응이 있는지 아는 가장 좋은 방법은 훌륭하고 정직한 브로커와 좋은 관계를 유지하는 거야. 사실, 괜찮은 브로커와 관계가 좋으면, (자신의 재정적 이익에 도움이 되기 때문에) 그 사람들이 너의 제안에 반응이 있을 것 같은 새로운 리스트들을 계속 찾아볼 거야. 이제 네가 우편물을 보낼 수 있는 최고의 명단을 마침내 찾을 거야. 거의 다 됐어. 그래, 우리는 더 잘할 수 있어!

가능성 #10

앞에서 내가 설명했던 9개 그룹보다 훨씬 더 잘 반응을 한 그룹이 있어. 어떤 명단일지 짐작이 가니? 잠시 생각해 봐. 답을 보기 전에. 가장 최고의 명단은 바로 너만의 고객 리스트야!

의견 : 다른 모든 조건이 동일하다면, 구할 수 있는 다른 리스트보다 너의 고객이 훨씬 더 잘 반응을 보일 거야. 물론 한 가지 주의할 게 있지. 고객들이 만족해야 한다는 거야!

오늘은 여기까지 하자. 사랑하고 행운을 빈다!

아빠가

1984년 6월 29일

금요일 오전 7:00

본드에게

자, 다시 이야기를 해 볼까? 재차 말하지만, 내가 무엇을 쓸지 전혀 모르겠구나. 어디 보자. 그래 어젯밤에 내가 마지막으로 (이렇게) 괄호를 잘 사용하는 것이 어떻게 독자들에게 '시각적 안정감Eye Relief'을 주는지에 대해 말하다가 말았지. 좋아. 이제 시각적 안정감에 대해 조금 더 이야기해 보자.

어떤 글이 너무 어려워서 읽지 않기로 한 적이 있니? 여러 번 있었을 거야. 보통 이런 종류의 글은 어느 페이지나 문장과 문단이 길고, 페이지 여백이 좁고 활자는 작으며 빽빽할 거야. 자, 이런 어리석은 이유로 사람들이 우리 책을 읽는 걸 외면하지 않았으면 좋겠어, 너도 그렇지? 좋아. 그럼 계속 얘기할게.

자, 잘 들어. 어떤 사람이 네가 쓴 글을 처음 봤을 때, 읽고 싶어져야 해. 읽기 쉬워야지. 재소자가 〈펜트하우스Penthouse, 1965년, 창간된 남성 월간 잡지〉에 끌리는 것처럼 그 사람이 너의 글에 끌려야 해. (세일즈 레터이든 광고든) 네 글이 독자들에게 매력적인 '시각적 기쁨Eye Treat'이 될 수 있도록 배치해야 해.

이건 넓은 여백, 단락 간 넓은 간격, 짧은 단어, 짧은 문장, 짧은 문단, 매력적인 레이아웃을 뜻해. 이제 난 너에게 중요한 비결 중 하나를 알려줄 거야. 내가 너한테 말하는 건 아주 중요해서 독자층이 500퍼센트 이상 더 늘어날 거야. 동시에 이 중요한 점을 내가 만났던 에이전시와 광고 담당자들은 거의 알지 못해. 잘 들어 봐. 잘 듣고 배운 건 절대 잊지 마. 바로 이거야.

광고의 레이아웃은
그 광고를 읽을 이들의
관심을 사로잡아야 한다.
독자가 그 레이아웃에
주목하게 해서는 안 된다!

사실, 이 말을 그렇게 이해하기 쉽지는 않을 거야. 아마도 내가 더 잘 이해할걸. 좋아, 대부분 출판물에서 사설 내용이 광고 내용보다 5배는 더 많은 독자를 확보한다는 걸 알아둬.

자, 이 말은 실제로 뭘 뜻할까? 간단히 말해서, 가능한 한 네 광고는 '사설 같은 모습Editorial Look'이어야 한다는 거지(여기서 멈추고 블레이드한테 전화한 다음 '일'하러 가는 게 나을 거야. 오늘 내가 다시 증인대에 설 수 있거든!).

네 광고 '모습'과 DM 부분에 대해 조금 더 이야기해 보자.

내가 말했듯이, 광고는 '사설'처럼 보여야 해. 하지만 그냥 오래된 사설처럼 보이는 게 아니라 흥미로운 내용이 담긴 사설처럼 말이지.

여기서 방법을 생각해 보자. 네가 베스트셀러가 되길 바라는 책을 썼다고 해보자. 어떤 방법이 가장 좋을까? 음, 이건 어떻겠니? 〈LA 타임스〉 기자로 근무하는 남자가 네 책을 읽고 푹 빠졌다고 가정하는 거야.

이제, 이 기자가 네 책이 너무 좋아서 그 책에 관해 전면 기사를 쓰고 모든 독자에게 이 책이 얼마나 훌륭하고 책을 사야하는 이유를 말해준다고 상상해 보자. 그러면 좋겠지? 바로 그거야!

조금 더 나아가서 그 사람이 '극찬하는 기사' 마지막 부분에 독자들에게 우편으로 책을 받아보는 방법을 알려준다고 생각해 보자. 그가 비용, 수표나 우편환을 보낼 주소와 지불 대상을 말해주고!

와! 정말 괜찮은데! 전면에 걸친 극찬 기사로 독자들이 그 책을 갈망하도록 만든 후에 구할 수 있는 장소와 방법에 대해 알려주는 거 말이야! 광고를 쓸 때마다, 가능한 한 기자가 쓴 극찬한 기사같이 보여야 한단다. 다시 말해 흥미로운 뉴스 속보 같아야 하지.

다른 방법도 있어. 너도 알듯이, 내가 광고 레이아웃을 연구하고 싶을 때마다, 종종 사설 레이아웃을 대신 연구한단다.

그렇다면 이 모든 것을 다이렉트 메일에는 어떻게 응용할까? 자, 하와이에 사는 기자 친구의 한 명이 네 책을 사고 싶다면 그 기자는 어떻게 할까? 음, 아마도 그 사람은 친구에게 편지를 써서 독자들에게 말해줬던 내용을 똑같이 알려줄 거야. 친구가 서점에 갔을 때 어떤 책을 찾아야 하는지 알 수 있게 책 스냅사진도 넣을지도 모르지. 이건 대단한 영업 기회가 될거야, 안 그렇니? 그렇게 장담할 수 있고 너의 DM이 그렇게 보여야 해.

이건 실제의 일이야. 옛날에 내가 생각해 온 제품을 팔려고 세일즈 레터를 썼는데, 그건 가문 연구 기록물이었어. 이 작은 기록물은 너의 가문에 관한 짧은 역사를 알려주고, 네 이름과 관련된 가장 오래된 것으로 알려진 가문의 문장紋章의 흑백 그림이 포함돼 있어.

너도 알듯이, 이건 역사상 가장 성공한 세일즈 레터 중 하나야. 사실 361개 단어로 된 한 페이지짜리 간단한 레터로 700만 명 이상의 고객이(실제로 7,156,000명) 현금 주문을 했지.

나쁘지 않지? 하지만 다음에 일어난 일을 들어봐! 분명히, 우리는 이 연구 기록물 구매자들에게 다른 제품을 판매하고 싶었고, (문장에 색깔을 넣어서) 가문 문장을 전시할 수 있는 제품 카탈로그를 보내는 게 합리적이었지. 괜찮은 생각 같지? 나도 그렇게 생각했어. 그래서, 난 혼자 캠핑 가서 숲에서 맞춤형 문장을 주문할 수 있는 매력적인 아이템 70개를 소개하는 51/2×81/2 크기의 네 가지 컬러 카탈로그를 만들었어.

하지만 크게 망했고 심지어 우편 비용도 회수하지 못했어! 그래서, 그다음은 뭘 했을까? 그 시점에 카탈로그에서 가장 잘 판매되는 상품 세 가지를 골랐고, 단지 이 제품만 소개하는 81/2×11 크기의 책자를 만들었어. 이건 손익분기점을 겨우 넘었지.

그때 난 이렇게 했어. 지극히 개인적인 세일즈 레터를 쓰고 책자에 실린 세 가지 제품의 스냅사진을 동봉했어. 레터 시작 부분은 다음과 같이 적었어.

노블 씨에게

노블 가문 문장이 총천연색으로 어떻게 보일지 보고 싶어 하실 듯해서 스냅사진을 동봉합니다.

......

그걸로 4천만 달러를 벌었단다!

그 세일즈 레터로 4천만 달러를 벌어들였지만, 나의 다른 '보다 전문적' 시도는 실패했어. 여기서 교훈은 무엇일까? 처음에 영업활동처럼 보이지 않을 때, 영업활동을 더 잘할 수 있다는 거야.

내가 사회로 돌아가면, 다음 강의 주제는 '첫인상을 남길 수 있는 두 번째 기회는 절대 없다'는 점의 중요성일 거야!

사랑하고 행운을 빈다!

아빠가

데이비드 가핀클 David Garfinkel
목마른 사람들과 은밀한 두 번째 잔

데이비드 가핀클은 '인터넷상에 멀티미디어 교육 제품을 선보인 최초의 카피라이팅 교육 전문가'라는 독특한 이력이 있다. 그리고 다양한 산업 분야의 89개의 기업과 함께 작업했다. 그는 '세상의 카피 라이팅 문맹 근절'을 다짐했고, 세계 카피 라이팅 연구소World Copywriting Institute의 설립자이자 지식 교류 익스프레스Knowledge Exchange Press의 발행인이다. 데이비드는 《킬러 카피 전술Killer Copy Tactics, 이솝 마케팅사, 1999》을 포함해 여러 권의 저술했고, 수백만 달러 규모의 신규 매출을 올리는 기업용 광고와 마케팅 전략을 만들었다. 그의 '가장 인상적인 단일 캠페인'은 출장 서비스 회사의 3페이지 분량 세일즈 레터로 회사 매출이 연 500만 달러로 늘었다. 데이비드의 작업물에 대해 더 알고 싶다면, 구글에서 그의 이름을 검색하면 된다. 현재 검색 결과가 약 367,000페이지 정도 나오므로 이점은 주의하기 바란다.

중국에 만리장성이 있다면, 마케팅에는 위대한 공식이 있다. 내가 이 공식을 아주 좋아하는 이유는 이것이 대부분의 성공적 비즈니스의 근본적이 기반이기 때문이다. 그러나 성공을 거두지 못한 많은 기업은 그 공식을 모른다. 그 기업들을 위해 이 책이 나와서 다행이다. 작가, 연설가, 강사로서의 내 본업과 컨설턴트 및 카피라이터로서의 나의 두 번째 직업을 통해서, 사람들이 무엇을 갈망하는지 알아내는 몇 가지의 효과적인 방법을 찾았다.

- 사람들이 지금 구매하는 것을 세심하게 기록한다.
- 지금 구매하는 것에 대한 사람들의 불만을 귀를 기울여 보기 바란다. 예를 들어, "이 MP3 플레이어가 마음에 들지만, 내 이메일을 다운로드할 수 있으면 좋겠어요"라고 말한다면 너무 확실하게 알 수 있지만, 얼마나 많은 사람이 이 점을 놓치고 있는지 알면 놀랄 것이다. 사람들은 이메일도 다운로드할 수 있는 MP3를 갈망하고 있다!
- 왜 사람들이 밤에 깨어있는지, 잠에서 깨는 순간 무슨 생각을 하는지, 온종일 그들을 괴롭히는 생각은 무엇인지

알아보라. 그것은 보통은 '하나의 문제'처럼 보이지만, 상식과 마케팅 지식을 결합하면 사람들이 갈망하는 것이라고 할 수 있기 때문이다.

몇 년 전에(특이하게도 이 책 저자의 제안으로) 《당신을 부자로 만드는 광고 헤드라인Advertising Headlines That Make You Rich》을 출간했다. 카피라이터이자 카피 라이팅 강사로서 자신만의 카피를 쓰고 싶어 하는 이들이 자신들의 광고에 멋진 헤드라인을 만들려고 끊임없이 노력한다는 걸 알았다.

이 책에는 유용한 가이드라인이 담긴 일련의 템플릿Template과 특정 비즈니스에 맞게 쓸 수 있는 여러 산업 분야별 헤드라인 예제가 포함됐다. 그 책은 큰 성공을 거뒀고 베스트셀러가 되었다.

2년 후, 사람들이 첫 번째 잔만큼이나 (헤드라인 외에 광고 카피의 다른 모든 부분에 대한 템플릿 시리즈인) 두 번째 잔에 목말라한다는 걸 알게 됐다. 그래서 간단히 《카피 라이팅 템플릿Copywriting Templates》이라는 두 번째 책을 썼다. 그리고 두 번째 책을 탈고하기 전에 인터넷 마케팅 콘퍼런스에서 소개했다. 그랬더니 40명 넘는 이들이 책을 먼저 받기 위해 미리 책값을 냈다.

그 이후 이 책을 훨씬 더 많이 팔았다. 내가 방금 말한 건 위대한 공식을 아주 간단히 적용한 것이다. 보다 획기적으로 적용했던 예를 들어보겠다.

최근 저작권이 만료된 데일 카네기Dale Carnegie, 미국 작가 겸 강사의《연설의 기술The Art Of Public Speaking》의 개정판을 마무리했다. 내가 저술한 내용을 추가해서《공개 연설의 새로운 기술The New Art Of Public Speaking》이라는 제목으로 재발간될 것이고 공동 저자가 될 것이다.

저작권이 만료된 작품들은 퍼블릭 도메인(공용, Public Domain, 저작권이나 기타 재산권을 소유자가 포기하거나 일반 대중에게 기증하여 누구든지 자유로이 사용할 수 있게 공개된 상태) 상태이기에 이것은 완전히 합법적이다. 저작권법이 허용하는 한 누구나 원하는 대로 그 자료를 자유롭게 수정하고 게시할 수 있다.

내 담당 출판사는 모건 제임스Morgan James다. 이 회사 설립자인 데이비드 핸콕David Hancock에게 다른 많은 사람도 퍼블릭 도메인 저작물을 출판하고 싶어할 거라고 말했다. 그런 책이 나올 수 있도록 그와 함께 사업을 시작할 수 있는지 물었다.

몇 차례 논의 끝에, 그는 지식 교류 익스프레스라는 새로운 부서를 만들기로 했고, 나를 대표 발행인으로 임명했다. 당신은 이것이 어떻게 사람들에게 두 번째 잔을 파는 것과 같은지 궁금할 것이다. 물론 알기는 어렵다. 하지만 다음처럼 이뤄진다.

대중 연설에 관한 내 책에서, 기업가들이 연설의 중요성을 깨닫고 이를 최대한 활용할 때 최고의 신뢰성과 영향력을 보이며 마케팅 메시지를 전달하는 방법이라고 말한다. (데일과 내가 공동 저자인) 책 마지막 부분에서, 최고의 신뢰성과 영향력을 보이며 마케팅 메시지를 전달하는 훨씬 더 좋은 방법은 당신이 지금 손에 들고 책처럼 자신만의 책을 내는 것이라고 언급한다. 그런 다음 사람들에게 그렇게 해줄 수 있는 출판사를 소개할 것이다. 따라서, 이런 상황에서 첫 번째 잔은 마케팅 메시지 강화를 위해 연설을 이용하는 것이고, 두 번째 잔은 책을 활용하는 것이다.

요약하자면, 가장 기본적인 적용에서 위대한 공식은 기업의 손익의 차이 또는 더 일반적으로 겨우 이익을 내는 것과 큰 이익을 내는 것 사이의 차이를 의미한다고 말하고 싶다. 하지만 창조적인 비즈니스 사고를 위대한 공식에 적용하면, 단 하나의 아이디어로 완전히 새로운 비즈니스를 만들 수 있다. 내가 위대한 공식을 아주 좋아하는 것은 이러한 이유 때문이다.

조 비테일 Joe Vitale
'새 차를 내 것으로Attract a New Car'라는 원격 세미나의 힘

나의 마케팅 스승 중 한 명인 조 비테일Joe Vitale 박사는《최면을 거는 글쓰기Hypnotic Writing, 이솝 마케팅 회사, 1998》의 저자이자 여기서 나열하기에는 너무 많은 저서와 오디오 프로그램의 작가다. 사업 초기에 심리학과 군사 전략에 대한 지식을 비유적으로 이용해 나만의 비즈니스 이론을 만들었다. 마침내 본격적으로 마케팅 공부를 시작했을 때 조 비테일 박사는 나의 첫 스승이었고 탁월한 선택이었다! 비즈니스 전문가인 척하는 사기꾼들이 있지만, 비테일 박사는 지금까지 모은 마케팅 서적들과 뛰어난 성과로 무장했다. 그의 다이렉트 메일 중 하나는 무려 95퍼센트의 응답률을 기록했다. 조 비테일 박사의 현황에 대해 알고 싶다면, 웹사이트 www.mrfire.com을 방문하면 된다.

최근에 낸 책이 잘 판매될 거라는 사실을 알고 있었다. 《거절할 수 없는 제안으로 돈을 유혹하라The Attractor Factor: 5 Easy Steps For Creating Wealth (or Anything Else) from the Inside Out, John Wiley & Sons, 2005》라고 제목을 지었기 때문이다.

하지만 첫 번째 판매로 모든 금을 찾을 수 없다는 걸 알았다. 진짜 보물은 목마른 사람들에게 두 번째 잔을 파는 후속 판매에서 찾을 수 있다.

내 책이 아마존닷컴과 반스 앤드 노블 닷컴Barnes&Noble.com에서 (해리포터 소설 최신판을 제치고) 1위를 차지한 후, 두 번째 잔 판매를 준비했다. 나에게는 《돈을 유혹하라》의 모든 구매자 리스트를 가진 셈이었다. 구매자들이 나와 책 내용을 마음에 들어 한다는 사실을 알았다. 이는 나에게 목마른 사람들에 해당했다. 다음 단계는 두 번째 잔을 만드는 것이었다. 그래서 이렇게 했다.

곧 '새 차를 내 것으로Attract A New Car'라는 원격 세미나(Tele seminar, 내용이나 목적 면에서 전통적인 세미나와 비슷하지만, 특정 장소가 아닌 원격 회의 등을 이용)를 4차례 열겠다고 발표했다. 분명히, 이 책을 좋아하는 모두가 이런 예상 밖의 전개에 관심을 가질 것이다. 누가 새 차를 원하지 않겠는가?

특별히 누구나 무료로 원격 세미나에 참석할 수 있도록 했다. 다시 말해 참가비를 1센트도 받지 않았다. 그 때문에 사람들은 더욱 호기심을 보였고, 그러니 참석률은 보장받은 거나 다름없었으며, 구매자도 확보된 바와 같았다. 그 회의에 참석하지 못한 이들은 분명히 녹음자료를 듣고 싶어 할 터였다. 그래서 통화 내용을 전부 녹음했다. 그 녹음자료가 바로 다음에 판매할 상품이었으니 말이다.

나의 원격 세미나는 폭발적인 반응을 얻었다. 초대손님이 있었기 때문에 내가 모든 걸 다 할 필요도 없었다. 그래서 진행은 매우 순조로웠다. 녹음하고 기록하며 이를 제품으로 만들었다. 그러고 나서 내 명단에 있는 사람들 모두에게 www.AttractaNewCar.com에서 오디오를 들을 수 있다고 소식을 알렸고, 이를 97달러에 판매했다.

어땠을까? 많은 사람이 사는 집보다 더 비싼 고급 스포츠카인 BMW 645ci를 살 만큼 충분히 돈을 벌었다. 이처럼 분명히 위대한 공식은 효과가 있다. 순서를 요약해 보면 다음과 같다.

1. 거절할 수 없는 제안을 했다: 내 책

2. 두 번째 잔을 팔기 위해 두 번째 제품을 만들었다 : 4회에 걸친 원격 세미나 시리즈

3. 배고픈 구매자들에게 다가갔고, 그 사람들은 당연히 구매했다.

하지만 난 거기서 멈추지 않았다. 자기 계발에 관심이 있는 모든 사람이 내 책과 나중에 나온 오디오에 관심을 가지리라는 것을 알았기에, 자기 계발 메일링 리스트에 있는 이들에게 전부 이메일을 보냈다. 이 리스트는 250,000명의 구독자로 구성되어 있었고, 그들이 바로 목마른 군중이었다. 난 그들에게 이메일을 보냈고, 덕분에 오디오 판매로 수만 달러를 벌 수 있도록 있었다. 위대한 공식은 이처럼 정말 훌륭하다!

벤 맥Ben Mack
BBDO 전 선임 부사장이 내게 보낸 개인 이메일

어린 시절 벤 맥은 버크민스터 풀러Buckminster Fuller, 미국 건축가, 다이 버논Dai Vernon, 캐나다 마술사, 타르탕 툴쿠Tarthang Tulku, 티베트 출신 교사의 지도를 받았으며 자라서 BBDOBatten, Barton, Durstine & Osborn의 수석 부사장이 되었다. 1998년, 벤은 미국 놀이터를 휩쓴 요요 열풍으로 에피상Effie Award, 세계적 권위의 마케팅 커뮤니케이션 시상식을 수상하여 요메가Yomega 요요의 매출을 1997년, 연간 6백만 달러에서 1998년, 6천9백만 달러에서 1999년, 1억 2,300만 달러 이상으로 급증하게 했다.

그는 불을 먹는 묘기Fire Eating에 관한 가장 유명한 e-북인《불을 먹는 묘기: 사용 설명서Fire Eating A Maunal Of Instruction》의 저자이자 사고 전염에 관한 연구인 밈Meme 분야의 선구자다. 사실, 그는 마케팅 세계에 밈의 개념을 처음으로 소개한 사람일 수도 있다.

벤의 최신작 《카드 없는 포커Poker Without Cards, Lulu Press, 2005》
는 30만 회 이상 다운로드되었다. 그가 가장 자랑스러워하는
비즈니스 성과는 《벅키 챌린지The Bucky Challenge》로, 그의 신작
소설을 읽고, 무료로 책을 다운로드했지만 시간 낭비라고 느
끼는 모든 사람에게 23달러를 주는 것이었다. 프로모션 기간
동안 e-북은 100,000부 이상 다운로드됐고, 단 두 사람만이 돈
을 달라고 했다. http://pokerwithoutcards.com를 방문하면 벤
에 대해서 더 자세히 알 수 있다.

보내는 사람: 벤 맥 〈Howard.Campbell@gmail.com〉
받는 사람: 마크 조이너 〈xxx@markjoyner.name〉
날짜: 2005년 10월 23일 일요일 23:09:11 -0420
제목: Re-마술에 관한 생각

마크 씨에게

당신의 책에 글을 기고할 수 있게 해주어서 감사합니다. 영
광입니다. 우선, 다시 한번 말하지만 당신은 정말 탁월해요.
거절할 수 없는 제안에서 비즈니스의 본질인 제안과 수용을

단순화했어요. 와, BBDO에서 싱귤러Cingular 전략을 주도하는 수석 부사장으로 있었을 때, 이런 단순함을 생각했으면 좋았을 텐데. 그럼 더 효과적이었을 거예요.

거절할 수 없는 제안

제안과 수용에서 당신이 했던 것보다 비즈니스를 더 단순화할 수 없다고 생각해요. 이런 통찰력의 단순함에, 많은 사람이 그것의 가치를 회의적으로 생각해요. 회의론자들은 시간을 낭비하고 있어요. 효율성은 에너지 보존을 존중하기 때문에 단순함은 힘의 핵심이죠. 낭비는 고갈로 이어져요. 마크, 왜 사람들은 회의적인 생각에 시간을 낭비할까요? 답해 줄 수 있어요?

내가 어떻게 목마른 관객들을 찾느냐고 물어봤죠? 난 구글에 많이 의지해요. 내 이름과 내 책 제목, 그리고 내 소설 카드 없는 포커에 쓴 특정 단어에 구글 알람 설정을 해요. 알람 중 하나를 받으면, 나의 작품을 갈망하는 사람들로 가득할 것 같은 포럼(인터넷 커뮤니티)에서 이야기 나누는 지지자가 있다는 걸 알아요. 여러 번 포럼에 들어가서 내 책을 읽어서 얻게 되는 이점에 대해 다른 사람들과 공유하라고 격려하면서 질문을 받아요.

'구글 도움말'을 검색하면 구글 내 다양한 애플리케이션 페이지가 검색돼요. 주기적으로 내 페이지에 링크하는 사람들을 검색해요. 이렇게 알람을 통해서 토론 공간을 찾아요. 내가 목마른 사람의 생각을 정말 알고 싶으면, www.amazon.com과 www.bn.com에 가서 내 책을 사는 사람들이 어떤 책을 샀는지 보고 나서 구글을 이용해서 이 목마른 사람들을 찾아서 왜 내 책이 그들의 관심사와 관련이 있는지 설명해줘요. 나의 책은 아주 작은 틈새시장을 노리기 때문에, 나 자신이나 혹은 아바타로 소규모 커뮤니티를 살펴요. 상호 비방이 일어나지 않는 한 내 아바타를 절대 쓰지 않아요. 난 모든 언론의 관심이 좋다고 배웠어요. CrapAuthors.com에 소개됐고, 그 기사로 책은 50권 팔렸으며, 무료 다운로드는 800건이에요.

온라인상의 극적인 일을 알리기 위해 서로 싸우고 있는 두 개의 블로그를 운영하고 있어요. 벤 맥은 하워드 캠벨Howard Campbell과 사납게 싸웠는데, 내가 두 캐릭터를 연기하는 팟캐스트에 의해 시작됐어요.

30만 명 이상이 내 책을 무료 다운로드했어요. 유상 판매를 할 다음 책 준비 작업을 하고 있어요. 다음 책 제목은 간단하게 23이에요. 카드 없는 포커와 'FreeBookWorthReading.doc'는 23 광고 방법에 대해 정확히 설명하고 있어요.

스티브 캐플란Steve Kaplan, 미국 비즈니스 전문가이 베스트셀러인 《코끼리를 쇼핑백에 담는 방법Bag The Elephant, Bard Press, 2005》을 광고하는 것을 도왔어요. 캐플란 씨를 만난 적도, 이메일을 한 적도, 전화로 이야기한 적도 없었죠. 그분은 내 이름을 들어본 적이 없다고 생각해요. 나도 캐플런 씨에 대해 별로 관심이 없었어요. 하지만 그분 책 마케팅 담당자는 내가 마케팅을 배우고 싶은 사람이었고, 그래서 공짜로 도와주겠다고 제안했으며 그 사람 일을 배울 수 있었죠. 난 내가 배우고 싶은 사람들을 도와주겠다고 제안해요. 내가 베푸는 도움은 돕는 과정에서 배우는 거 말고는 바로 돌려받을 거라고 기대하지 않아요. 마법처럼, 적당한 일이 있을 때 도움을 줘요.

난 ezinearticles.com에서 조금 성공을 거뒀어요. 에세이를 쓰고 다양한 사이트에서 콘텐츠로 만들어졌지요. 그런 후 그 사이트가 내 콘텐츠에 관심이 있다는 걸 알고 직접 연락을 했어요. 대부분은 어떤 답도 듣지 못했어요. 예상했던 일이에요. 난 두 가지 질문 규칙이 있고, 적어도 한 달은 다시 그들에게 연락하지 않아요. www.PokerWithoutCards.com에서 무료로 다운로드할 수 있는 책인 FreeBookWorthReading.doc에서 이에 대해서 자세히 다뤘어요. 마크, 내가 마케팅, 브랜딩, 아이디어 전파와 밈에 대해 자세히 설명하는 동안, 당신의 독자들은 FreeBookWorthReading.doc의 시작 부분을 독자들 대부분이 이해할 수 없다는 점을 알 필요가 있어요. 동음이의어 놀이와 전통적이지 않은 폰트 사용을 하는 독자들은 내가 썼던 전술과 전략을 정확히 배울 거예요. 실제로 당신의 전술을 펼쳐 보려고 하는 사람이 당신의 보기 드문 독자라는 것을 알아서, 난 이게 중요치 않다고 확신해요.

물론 아직 난 베스트셀러 저자는 아니에요. 하지만 자랑할 만한 추천자 리스트가 있고 이런 추천을 받는 방법을 정확히 설명할게요. 내가 자랑스러워하는 두 가지 추천사를 어떻게 받았는지 말해줄게요. 커트 보니것Kurt Vonnegut Jr. 미국 수필가이자 소설가이 추천한 책을 마지막으로 본 게 언제죠? 그분은 부탁 공세에 시달리기 싫어서 원칙적으로 책 추천을 안 하세요. 내가 어떻게 구글 알람을 이용해서 커트 씨의 비즈니스 파트너 조 페트로 3세Joe Petro III와 관계를 발전시켰는지 정확히 말해줄게요. 커트를 추적하면서 조에게 쪽지를 남길 구실을 여러 번 찾을 수 있었어요. 구글 뉴스와 구글 알람으로 연락할 구실이 생겼고, 관계를 형성하면서 다음에 나오는 추천사를 받을 수 있었지요.

"벤 맥, 당신이 동성애자가 될 배짱이 없어서, 글로 부모님을 열받게 한다는 게 반가워요."

커트 보니것

고양이 요람/제5 도살장

마크, 당신의 독자 대부분은 다음에 나오는 사람이 누군지 전혀 모를 거라고 짐작되지만, 아마도 내 책 판매 절반은 다음 인용문 때문일 거예요. 그의 말에 마음을 빼앗긴 사람 대부분은 나의 목마른 관객이에요. 당신은 로버트 앤턴 윌슨Robert Anton Wilson, 미국 작가과 함께 공부했으니까, 당신이 그 사람이나 나의 정치적 성향에 동의하지 않더라도 그 사람 기술을 존중한다는 걸 알아요. FreeBookWorthReading.doc에서 내가 어떻게 정신 훈련의 전설적 인물에게 이 인용문을 받았는지 설명해요.

"카드 없는 포커는 자연 철학을 스토리텔링과 결합한 의식스릴러다. 그 효과는 신맛을 삼키는 거 같지만, 오직 당신만이 절대 내려놓지 않는다."

로버트 앤턴 윌슨

일루미나투스! 3부작/TSOG/프로메테우스 라이징

화제 전환

거절할 수 없는 제안에서 당신은 "마케팅의 마술은 결과에 영향을 미치는 기업의 열정, 믿음 그리고 자신감과 관련이 있다. 기업의 기대감은 사실 마케팅과 비즈니스에 상당한 영향을 미친다고 확실하게 말할 수 있다"라고 했어요. 이 말에 좋은 생각이 났어요. 이 말이 어떤 의미인지 쓰고 싶네요. 마술과 마케팅에 대해 말이지요.

마술은 진지하게 생각해 볼만한 주제라고 생각하지만, 선동적인 주제가 될까 봐 걱정되네요. 한편 마술은 몇 년간 나에게 맞게 만든 연극 도구이자 도구 세트예요. 난 14세에 매직캐슬The Magic Castle에서 공연을 시작했어요. 19세에 마술 아카데미Academy Of Magical Arts 상의 최연소 수상자가 됐어요. 난 연극 같은 마술을 부리지만, 마법 같은 마음의 상태를 완전히 표현할 수 없어요. '관객들이 안전하고 존중받으며 보살핌을 받는다고 느낄 때, 사람들 마음은 느슨해지고 경계심이 낮아진다'고는 말할 수 있어요. 순전히 개인적인 이익을 위한 속임수는 사기지만, 관객을 위해 구현된 몰입감 높은 상황은 마술처럼 느껴질 수 있죠.

광고 카피는 마술이 될 수 있어요. 좋은 카피는 관객의 가치와 감정을 존중하죠. 훌륭한 카피는 독자와 그들 열정에 대한 당신의 애정을 전달해요. 당신이 독자를 사랑하지 않으면, 그 사람들도 당신을 다시 사랑하지 않을 것이고, 새로운 고객을 찾는데 정말 비용이 많이 든다는 걸 내게 가르쳐 줬어요.

미술은 몰입하는 경험을 가능하게 하는 행위고, '환상적'이라는 단어로 가장 잘 함축될 수 있을 거예요. 관객이 회의주의를 넘어서고 자연의 법칙이 현실을 제대로 파악하지 못하는 세계를 받아들일 때 왠지모르게 환상적이 되지요. 광고에서는 열혈 팬의 열정을 불러일으켜 골프공을 300야드 날리는 거나 생생히 떠올릴 수 있는 스포츠 역사의 한순간을 경험하도록 할 때 카피가 환상적이죠.

카피가 바뀔 때, 마법의 힘이 생기는 거예요. 독일 철학자 게오르크 빌헬름 프리드리히 헤겔Georg Wilhelm Friedrich Hegel, 독일 관념론을 완성한 것으로 평가받는 프로이센 철학자은 '예술품은 변화된 의식 상태의 촉매제'라고 했어요. 훌륭한 광고 카피는 우리를 마치 다른 곳으로 데려가는 것 같고, 마법처럼 광고 카피는 숭고하게 다가와요.

반면에, 미술은 무서운 단어가 될 수 있어요. 지난주 아동 병원 간호사와 병원 직원들 사이에서 포커스 그룹Focus Group, 소규모로 구성된 집단과 깊이 있는 상호작용적인 인터뷰를 수반하는 평가 기법 활동을 진행하던 중 미술이라는 단어가 나왔는데, 한 참가자가 불편

하니까 그 단어를 쓰지 말라고 부탁했어요.

마술이라는 단어나 비슷한 말을 쓸 때는 주의하세요. 많은 사람에게 마술이라는 단어는 영원한 저주라는 위협을 떠올리게 하죠. 이런 사람들에게 마술사는 순진한 사람들을 물들이는 영적인 테러리스트에요. 내가 마술 공연을 하면서 보니까, 생각보다 많은 사람이 이게 사실이라고 여겨요. 종종 어떤 관객들은 나에게 회개하고 영혼을 구원하라고 말하고 싶어 해요. 이런 사람들이 얼마나 있고 이런 일이 얼마나 있는지 잴 수 없지만, 2005년 1월 11일 〈USA 투데이〉 기사에 따르면 미국인 53퍼센트가 '하느님이 성경에서 말한 대로 정확히 현재의 모습대로 인간을 만들었다'라고 믿는다고 해요. 이런 사람들 중 절반이 마술이라는 단어를 악마같이 여긴다면, 전 미국인의 약 4분의 1에 해당해요. 그러니까 마술이라는 단어는 신중하게 써야 해요. 셰익스피어는 "용기의 절반은 신중함이다"라고 했어요.

그럼 왜 마술에 관해 논의해야 할까요? 진짜 힘이 있으니까요. 〈반지의 제왕〉이 가르쳐 준 것처럼, 마술을 지배하는 자가 세상을 지배해요. 게다가 마술의 위험 요소가 마케팅에 악용될 수 있어서, 마술에 대해 논의하는 것이 득이 될 수 있어요. 20세기 초 마술사들은 정기적으로 홍보 포스터에 악마와 영혼의 이미지를 사용했어요.

　게다가 마술은 현실이지요. 믿음은 강력해요. 앞서 언급한 포커스 그룹 중 하나에 속하는 의사가 내가 중요한 수술을 앞둔 환자에 대한 성공의 가장 큰 예측 변수가 무엇인지를 아느냐고 물었어요. 난 모르다고 했죠. 그 사람은 성공의 가장 큰 예측 변수는 좋은 결과에 대한 의사의 기대감이라고 말했어요. 그는 그 말에 의사들은 혼란스러워하고 대부분은 그런 태도가 결과에 대한 신체적 징후로 나타난다는 보여주는 연구에 대해 논의하지 않을 거라고 했지만, 이 연구들은 진짜이며 연구 결과 검증이 충분히 제대로 됐다고 장담했어요.

　난 기도가 효과 있다고 생각해요. 그리고 효과가 있는 건 특정 문구가 아니라 집중과 목적이라고 여겨요. 난 몇몇 단어가 어마어마한 도화선이라고 생각지 않아요. 요술 주문Hocus-Pocus은 연극 장치일 뿐이에요.

　낙인은 정신적인 건 물론이고 연극에 관한 마술적 탐구를 망쳐요. 설명되지 않은 것에 관한 탐구는 제한적이죠. PSI 연구 출판물은 과학에 대한 이바지한다기보다는 웃음거리일 때가 더 많아요.

　마술과 지각Perception을 연구했던 초창기 학자들은 박해받고 죽임을 당했죠. 만약 내가 처형이라는 단어를 사용했다면, 정부가 허락한 살인을 설명하는 걸 거예요. 만약 살인이라는 단어를 사용했다면, 불법의 의미를 내포하는 거지요. 단어 선택은 정보 처리 방식에 영향을 미쳐요. 단어 선택이 우리가 사물을 보는 방식에 영향을 미칠 수 있기에 마술의 한 형태로 봐요.

말에는 힘이 있고, 단어 선택은 중요해요. 사이언톨로지의 대표 서적인 《다이어네틱스Dianetics》는 L. 론 허버드L. Ron Hubbard, 미국 작가, 사이언톨로지의 창시자가 독자들에게 겁을 주고 싶었기 때문에 허풍Big Words으로 가득 차 있어요. 허버드는 지각 과학자 알리스터 크롤리Aleister Crowley가 개발 중이던 기술을 이용했어요. 만약 당신이 독자들에게 겁주면 독자들이 당신을 더 진지하게 받아 들을 거예요. 하지만 허풍을 떨면 대부분은 불쾌감을 느껴요. 허버드는 자신의 말을 진지하게 받아들이는 사람들이 이런 말을 배우기를 원했어요. 그는 추종자들에게 세상이 실제로 어떻게 돌아가는지 더 잘 이해할 수 있다고 말해요. 그의 전제에 상당히 동의하지만, 모든 것이 생소해요. 하지만 마크, 그가 아는 것을 내가 모르는 건지도 몰라요.

배타적인 것은 영향력이 있어요. 핵심층에 있는 사람들은 자신들의 엘리트 지식에 매혹돼요. 포켓몬이 얼마나 수익성이 좋은지 보세요. 포켓몬은 말의 뜻을 아무도 몰랐던 말을 기반으로 만들어진 자산이에요.

마술 이론은 손가락 움직임의 의미를 나타내며 일부러 아리송한 말로 된 요술Prestidigitation 같은 말들로 가득 차 있죠. 요술은 16세기 고전인 마술의 폭로The Discoverie Of Witchcraft에서 레지널드 스콧Reginald Scot, 16세기 영국 작가이 만든 단어로, 마법을 행한 여성에 대한 혐의를 상세히 설명함으로써 마녀의 존재를 반증하려고 했어요. 스콧은 이 여성들의 행동을 과학적으로 설명하고 싶었고, 그래서 과학의 언어인 라틴어를 사용했어요. 프레스토Presto는 빠른 것을, 디지트Digit는 손가락, 액션Action은 그 행위를 의미하고, 프레스티디저테이션Prestidigitation은 현재 '교묘한 손재주'로 알려져 있어요.

지각 심리학은 오랫동안 공개적으로 연구되지 않았어요. 교회의 천지학(세계관)에 도전한 과학은 이단이고 불법이며 종종 사형에 처할 수 있었어요. 거듭 말하지만, 오늘날까지는 많은 사람이 마술에 대해 불쾌해해요.

난 앞서 언급한 과학자 알리소터 크롤리를 존중해요. 크롤리는 "우리가 이해 못 하는 걸 마술 탓으로 여긴다"라고 했어요. 내가 쓰는 어휘에 당신이 당황할까 봐 염려되네요. 마케팅에 쓰이는 어휘가 있죠. 당신은 시금석이라는 단어를 배우고, 아주 빨리 다르게 커뮤니케이션을 해요. 난 그걸 마술이라고 봐요. 당신에게 기회가 생겼어요. 어떤 기술이 눈에 보여요. 어휘는 그렇게 작용해요. 단어는 마술 같은 거예요.

난 마법 같은 순간을 소중히 여기는 가치를 알아요. 난 독자들을 매료시킬 줄 아는 카피라이터를 옹호해요. 당신 책에 실리는 내 기고문이 마술이라는 단어에 대한 의혹은 불안감을 어느 정도 해소할 수 있기를 바라요.

난 마술을 사랑해요. 평생 마술사들을 가까이했어요. 하지만 난 마술사라는 용어를 무대에서 속임수를 부리는 사람으로 국한하지 않아요. 마크, 당신은 마술사예요. 당신은 구두쇠의 꿈A Miser's Dream이라는 무대보다 더 현실적으로 돈을 끌어낼 수 있어요. 내가 구두쇠의 꿈 공연을 펼칠 수 있어요. 당신 세미나에 두 번 참가했지만, 두 달 안에 5만 달러를 벌 수 없어요. 날 불러주어서 고마워요. 이 세미나는 내 삶을 더 나은 방향으로 바꿔놨어요. 내년에 원래 속삭이는 말과 새로운 부가 장치를 이용해 당신의 비법 중 하나를 따라 할지도 몰라요. 허락해 줘서 고마워요. 당신이 뭘 하는지 나에게 보여줬기 때문에 내가 따라 할 수 있는 거예요. 마술사들 대부분은 당신처럼 공개적으로 그렇게 하지 않아요.

마술사는 내가 그 사람들이 무엇을 하는지 볼 수 없는 곳에서 가치 있는 일을 하는 모든 사람이에요. 그들은 내가 볼 수 없는 도구를 사용하고 있어요. 경지에 이르는 건 마법 같은 정신을 알려주는 신호이지요. 하지만 강박적인 생각은 도구 발명으로 이어지는 경우가 거의 없는 반면 강박감은 또 다른 경지에 이를 수 있어요. 강박적인 생각을 하지 않으면 연계성은 풀어질 수 있어요. 통찰력이 내 현실 세계의 새로운 도구가 되는 현실에 대한 지각으로 안심하는 동안, 당신의 유머는 내가 집중하는 데 도움이 돼요.

당신은 과학에 기반을 둔 마술사예요. 당신은 마술을 가능하게 하는 과학을 가르쳐요. 과학의 핵심은 복제죠. 바이러스 복제나 버즈 마케팅Buzz Marketing, 입소문을 말하는 게 아니에요. 무無에서 돈을 버는 마술 같은 행위, 또는 특별한 지식이 없는 사람들에게 그렇게 보이는 과학적인 방법, 돈을 버는 실험을 꾸준히 따라는 능력에 대해 말하는 거예요. 하지만 당신에게 기술이 있고, 그 기술을 가르치고 또 성공해요. 당신을 보면 식탁 소금 그릇 밑에서 계속 1달러 은화를 만들어 냈던 젊은 시절 알 고슈먼Al Goshman이 생각나요. 그는 공연 동안 1달러 은화를 소금 그릇 밑에서 23번이나 꺼냈어요. 고쉬먼은 지각주의자Perceptionist였고, 관객들에게 반복적으로 엉뚱한 지시를 내릴 수 있다는 것을 보여줬어요. 하지만 당신은 사람들을 엉뚱한 곳으로 몰지 않아요. 모든 사람에게 당신이 어떤 속임수를 부리고 또 어떻게 허공에서 돈을 꺼내는지 보여줘요.

고마워요.

마술은 사물이나 육체적 행동이 아니라 숭고함에 접근하는 정신 상태이지만, 환상적이라고 말하는 것이 더 적절해요. 마술은 공연자와 관객의 상호작용에서 일어나요. 그 지각에는 의도가 있어요. 독수리처럼 생긴 돌은 독수리의 신체적 특징을 나타내려고 조각이 됐든 아니든 마술이 아니에요. 조각품은 기폭제가 돼서 정신 상태가 바뀔 수 있지만, 난 조각품을 마술이라고 부르는 걸 꺼려요. 어떤 파노라마는 나에게 거의 마법처럼 느껴지지만, 진짜 마술은 역동적이고 순간적이에요. 마술은 현실적으로 일어날 수 없는 경험을 꾀하는 과정이고 관객은 불신감은 져버리고 그 경험이 지속하는 한 계속 몸을 내맡겨요.

연극 같은 마술을 창작하는 건 사람의 시각적 편견을 바꾸는 것도 포함돼요. 동전을 떨어트리면 떨어져요. 우리는 이게 사실이라는 걸 알아요. 그 현상을 명확하게 표현하는 단어가 생기기 전에 지구가 물건을 끌어당기는 중력의 힘을 봐왔어요. 대부분의 비 지각적 심리학자들이 인지하지 못하는 것은 우리의 정신이 기대감과 시각적 편견을 시각에 투영하는 정도에요. 만약 마술사가 동전 하나를 한 손에서 다른 손으로 떨어뜨리는 행동을 취했지만, 실제로 다른 손에 떨어지지 않도

록 손으로 동전을 쥐고 있다면, 사람들 대부분은 동전이 떨어진 거로 생각하죠. 이 시각적 투영을 뜻하는 말은 '시각적 정체|Sight Retention'에요. 평범한 사람 눈에는 말 그대로 동전이 떨어진 거로 보여요. 이런 특정 시각적 환각은 투영이라고 불려요. 사람의 마음은 현실에 대한 기대감을 시각에 투영해요. 마술사는 현실에서 일어난 시각적 단절을 유발하는 방아쇠트리거, Trigger에 주목하고, 이것들을 모아서 하나의 프레젠테이션으로 구성하죠. 마술사는 초능력자를 연기하는 배우예요.

앞의 두 문단은 ilovebees.com이 Halo II가 사상 최대 규모의 비디오 게임 론칭을 하도록 어떻게 도왔는지를 설명하면서 대체 현실 게임을 인터넷 마케팅 수단으로 이용하는 방법을 다룬 책인 데이브 슐보르스키Dave Szulborsky의 《이것은 게임이 아니다This Is Not A Game》 (Lulu Press, 2005)》에서 내가 쓴 챕터에서 발췌했어요. 그건 그렇고, 스와이프 파일Swipe File, 테스트 및 검증된 광고 및 세일즈 레터 모음은 나와 이렇게 귀중한 개념을 공유한 많은 독자에게 크게 평가받았어요.

투영은 그 힘이 강력해요. 우리가 기대하는 걸 볼 수 있을 뿐만 아니라 우리가 기대하는 걸 현실로 만들어 내요. 앞서 언급한 의사는 이런 역학을 설명하고 있었는데, 의사가 좋은 결과에 대한 기대감이 검사했던 다른 어떤 요소보다 환자의 수술 성공에 상관관계가 더 높다는 거였어요. 난 당신 독자들에게 그랜트 모리슨Grant Morrison이 권했던 '될 때까지 하는 거야Fake It Till You Make It.'를 말해주고 싶어요. VermontFineDining.com의 베닝턴 대학 친구인 빌 스컬리Bill Scully는 현재 천재 예술가로 인정받고 있는 우리 대학 친구 톰 던Tom Dunn이 "빌, 우리는 마침내 우리의 자존심에 맞는 대단한 일을 하고 있어"라고 말했다고 했어요.

난 빌과 톰을 13년 동안 알고 지냈어요. 우리는 각자 할 일을 잘한다는 걸 알아요. 또 늘 새벽 3시에 일하는 유일한 사람들이었어요. 기대감은 결단력을 낳고, 노력은 기대감을 커지게 해요. 현실에 기반을 둔 계획과 비즈니스 계획 관리는 도움이 돼요. 당신의 노력을 과학적으로 테스트하고 과정을 바꾸는 것은 해볼 가치가 있어요. 준비가 안 됐고 똑똑하고 열심히 일하지 않았는데도 초를 켜고 기도한다고 해서 돈이 생기지는 않아요. 성공에 대한 기대감이 크면, 불신을 거두려는 의지도 커요. 연극과 마술로 불신을 거두고 황홀한 정신을 느껴요. 환상은 마법이에요. 환상적인 효과로 황홀한 마음이 돼요.

마술은 멀리서도 할 수 있어요. 관객에게 환상을 끌어내는 사람은 무대에서 공연을 펼칠 수도 있고 그렇지 않을 수도 있어요. 마법 같은 경험을 만들어내는 사람이 재주를 부리는 배우가 아니라면, 그건 경험의 밈 랭글러Meme Wrangler에요. 17세기 시계공들은 마술사가 속임수를 쓸 수 있는 자동 장치를 만들었어요. 이 시계공들은 마술사가 아니었어요. 창작자가 없어도 마술을 부릴 수 있는 금속 조각상의 밈 랭글러였어요.

마술을 만들려면 큰 무대에서 작은 무대를 살피면서 무대 안의 무대를 파악해야 해요. 거대한 무대는 관객들이 마술을 마주하는 물리적 장소에요. 마술사는 전통적으로 무대, 응접실, 저녁 식사 자리나 길모퉁이 등 공연하고, 관객과 상호작용할 수 있는 어떤 곳이든 큰 무대가 되죠. 관객들이 주목하는 것이 바뀌면서 작은 무대가 나타나요.

데이비드 카퍼필드David Copperfield는 주기적으로 2,000명이 넘는 관객들 앞에서 동전 묘기를 선보여요. 어떻게 하냐고요? 그 사람은 작은 무대와 관객들의 집중을 조정해요. 온 힘을 다해 1달러 은화에 집중하면서 2,000명의 관객들 시선을 끌고, 동전이 사라질 때 관객들은 기적의 구현을 즐겨요. 카퍼필드는 관객들이 집중하도록 해요. 관객들 마음이 움직이지 않으면 현장은 유지될 수 없어요. 마음은 정신적 투영을 촉발하는 신호를 알아볼 뿐만 아니라, 마술사의 신호를 실제처럼 받아들일 수 있도록 집중해야 해요. 이러한 신호를 만들고 투영을 일부러 촉발하는 것이 환상을 불러일으키는 핵심이죠.

미스디렉션Misdirection은 마술사가 관객의 주의를 딴 곳으로 몰려 어떤 일을 은밀하게 하는 재주를 말해요. 디렉션Direction 은 미스디렉션의 뿌리에요. 청중의 관심을 작은 무대에서 조정하는 것이 미스디렉션의 핵심으로, 하나의 움직임이 다른 움직임을 숨기는 거죠. 이런 기술은 얼마나 효과적일까요? 해리 블랙스톤Harry Blackstone, 미국 마술사은 오른쪽 무대 앞쪽에서 주의를 끄는 동안 무대와 왼쪽 무대 안쪽에서는 코끼리가 걷도록 했어요. 블랙스톤이 무대 왼쪽에서 손짓하자, 관객들은 갑자기 코끼리를 보고 깜짝 놀랐어요. 소문에 따르면 해리가 미스디렉션을 너무 잘해서, 어떤 가림막도 없이 코끼리가 무대 위에서 올라오게 할 수 있고 관객들이 보지도 못할 거라고, 술집에서 그가 걸었던 내기에서 시작됐다고 해요.

밈 랭글러는 마술사, 극작가, 시나리오 작가, 소설가 등으로 다른 예술가들 사이에서 마음속 연극을 위해 역동적인 공연을 만드는 예술가들이에요. 인터넷은 새로운 종류의 마케팅 극장을 탄생시켰어요. 사이버 공간을 태피스트리Tapestry, 여러 가지 색실로 그림을 짜 넣은 직물에 엮는 마술의 방직공들은 완전히 새로운 가능성의 집합과 대체 현실의 설계자들이죠.

마케팅은 마술 이론을 이해하는 사회적으로 용인되는 방법인 지각 연구와 효과 연구에 적당한 것으로 떠올랐어요. 이런 기법과 논의는 200년 전에는 우리 모두를 망쳤을지도 몰라요. 미국을 건국한 청교도인들은 대안 지각과 현실의 존재로 고통받지 않았어요. 마크, 마술 이야기는 이제 그만할게요. 어때요? 당신 독자들에게 도움이 될 만한 이야기인가요?

시금석 : 내가 하는 일은 이래요.

《카드 없는 포커》를 읽으면 마술의 비밀을 알면서 '매트릭스The Matrix에 관한 생각'에서 벗어난다. 이 책은 광고 전문가가 된 신동 마술사 벤 맥이 집필했다. 카드 없는 포커는 사람의 마음을 흐리게 만들고 예속시키기 위해 만들어진 합의된 현실Consensus Reality, 다수에 의해 진짜라고 여겨지는 것인 일반적인 켄ken을 밝혀낸다.

벤은 마술의 원리를 밝혀내면서, 정치에서 쓰이는 교묘한 속임수 전술들을 조명한다. 대중 설득의 과학적 기법을 설명하면서 벤은 우리의 세계관이 공적으로 기록된 것보다 훨씬 더 조작되었다는 주장을 제기한다.

나는 벤 맥이에요. 주기적으로 하워드 캠벨Howard Campbell이라는 이름으로 온라인에 글을 올려요.

난 설득과 다이렉트 마케팅 기법에 대해 모르고서는 사회적 조작이 불가능하다고 생각해요. 나만큼 당신이 세상을 안다면, 당신은 하나의 種으로서 생존 가능성을 높이기 위해 변화에 적극적으로 이바지하고 있는 것이에요. 만약 당신이 적극적이고 미디어가 어떻게 돌아가는지 분명하게 알고 싶다면, 내 책을 읽어보세요. 그렇지 않으면, 시간 낭비하지 마세요. 건투를 빕니다.

책을 읽고 싶지 않다면, 난 크리스 주브리드Chris Zubryd와 함께 설득의 대가들이 세상을 어떻게 보는지 알려주는 영상을 만들었어요. 구글에서 37분짜리 영상인 〈더 피치, 포우커 앤드 더 퍼블리The Pitch, Poker & The Public〉를 검색해 봐요. DVD에는 제이 콘래드 레빈슨Jay Conrad Levinson, 마이크 카로Mike Caro, 조엘 바우어Joel Bauer 그리고 하워드 블룸Howard Bloom과 3시간 동안 나눈 대화가 담겨 있어요.

만약 내가 편집증 환자라고 생각한다면,《카드 없는 포커》가 당신의 세계관을 바꿀지도 모릅니다. 세상이 다르게 보이면, 당신은 행동을 취할 거예요. 저의 장광설 밈을 다 소비하고 나면 몇 시간 동안은 중장비 기계류는 가동하지 말 것을 권해드립니다.

러셀 브론슨Russell Brunson
테이블에 놓인 2만8,000달러

러셀 브론슨이 기업가로서 진정한 첫 발걸음을 뗀 것은 2년 전, 내 제품을 구입할 당시부터였다. 그 제품이 좋은 투자가 될 것 같다며 아내의 허락을 받아 신용카드로 1,000달러를 썼다. 그는 지금 24세 젊은 나이로 한 달에 5만 달러를 번다. 그는 인터넷 마케팅 분야의 최고 전문가 중 한 명으로 빠르게 자리매김했고 그럴 만한 자격이 충분히 있다.

많은 사업가들이 처음 사업을 시작할 때 똑같은 함정에 빠지는 것 같다. 그들은 판매를 주도하고 매출을 올리는 법을 배우지만, 빨리 성공하려는 욕심 때문에 기존 고객들을 잊어버리고 새로운 고객을 찾는 데 집중한다. 다행히도 기존 고객들에게 두 번째 잔을 제공하는 커다란 문을 열었던 한 가지 질문을 했다.

나는 회원제 웹 사이트를 운영한다. 회원 수는 약 800명 정도이며 그들에게 매달 이용료를 받는다. 몇 달 동안 회원을 더 끌어모으려고 노력했는데, 어느 날 한 가지 질문을 하기로 마음먹었다. 회원들에게 회원권을 더 잘 이용하는 방법을 알려주면 나에게 1,000달러를 지불할 의향이 있는지 물어보았다.

난 세일즈 레터를 쓰지도 않았고, 주문 버튼을 만들지도 않았으며, 심지어 어떤 식으로든 이런 아이디어를 납득시키려고 하지 않았기 때문에, 사실 별 반응이 없을 거라고 생각했다. 사실 내가 하려는 것이 아니라 고객들이 내가 그렇게 해주기를 바라는지 물어보는 글을 올렸다.

그 질문을 올린 후 첫날, 지불 방법 관련 내용이 포함되지 않았기 때문에 어디서 지불해야 하는지 물어보는 수십 개의 메시지를 받았다. 일주일 동안 28명이 이런 코칭을 받기 위해 비용을 지불했다.

난 이런 반응에 깜짝 놀랐다. 거의 2만8,000달러가 들어오는데 내가 한 일이라고는 그저 물어본 것이 전부였다. 그 이후로 내가 판매하는 제품과 서비스에는 대부분 이 엔드^{Back-End} 코칭 프로그램을 추가했다. 새로운 고객 확보에 모든 초점을 맞추던 내 비즈니스가 기존 고객 데이터베이스 관리에 더 많은 시간을 할애하는 것으로 바뀌었다. 그래서 현재는 시간을 덜 들이면서도 돈은 더 많이 벌고 있다.

폴 갤러웨이 Paul Galloway
목마른 군중의 최고 기준

폴 갤러웨이는 인터넷에서 가장 영향력 있는 소프트웨어 개발자 중 한 명이며 인터넷 마케팅 기술 컨설턴트다. 그는 e-마케팅 전문가인 랄프 윌슨Ralph Wilson이 업계 최고라고 극찬한 시너지엑스 제휴 관리 시스템Synergyx Affiliate Management System을 만든 사람이다. SRDSStandard Rate And Data Service에 대한 짧은 기본 지침서를 통해 세계에서 가장 중요한 마케팅 자료 중 하나를 알 수 있다. 그는 《웹 판매Selling On The Web》와 《온라인 비즈니스 리소스Online Business Resources》도 출간했다(두 권 모두 2001년 Made E-Z Products에서 출간). 가장 자랑스러운 사업 성과는 '에이멤버aMember, 시너지엑스Synergyx, TAF프로TAFPro와 릴리스Lyris를 통합 멤버십, 즉 구독 및 파트너 시스템 스트라이트에 통합한 것'이라고 언급했다. 소프트웨어 프로그래머라면 작은 일이 아니라는 것을 알 것이다. www.PaulGalloway.com을 방문하면 폴과 연락할 수 있다.

다이렉트 마케터라면 SRDS(www.SRDS.com)의 간행물은 '반드시 이용해야 하는' 자료다. 광고 미디어 데이터의 소스이며 모든 전문 광고 대행사가 그들의 서비스에 가입한다. 간행물 중 하나의 구독료가 수백 달러(구독하는 간행물에 따라 다르다)이지만, 대부분의 대형 공공 도서관에서도 찾을 수 있다. 또한, 광고 회사가 새 간행물을 받을 때 당신은 회사 지인을 통해서 지난 간행물을 받을 수 있을 것이다(간행물은 1년에 여러 번 발간된다). 가장 관심받는 SRDS 간행물들은 다음과 같다.

'소비자 매거진 광고 자료Consumer Magazine Advertising Source'에는 300개 이상의 국제 잡지를 포함해 3,000개 이상의 소비자 잡지와 카드 덱Card Deck 목록이 실려 있다.

'비즈니스 출판물 광고 자료Business Publications Advertising Source'에는 1,200개 이상의 국제 출판물을 포함해 8,500개 이상의 비즈니스 출판물 목록이 담겨 있다. 위에서 언급된 두 가지 간행물은 각 잡지 또는 출판물과 관련해 다음과 같은 정보를 제공한다.

출판사 기본 정보	담당자별 메일
인원	주문/특가 요금
대표/지사	분할 운영(동일한 광고를 두 종류로 싣는 것)
수수료 및 현금 할인	특별판 발행 요금 및 데이터
일반 요금 정책	지리적/ 인구적 통계에 따른 발행판
흑백 인쇄 비율	계약 및 원고 규정
칼라 인쇄 비율	일반 요구사항
표지	발행 및 마감 날짜
삽입 광고(별쇄하여 접어 넣은 광고)	특별 서비스
물림재단(그림을 여백 없이 가득 채워 넣은 것)	발행부수
특별 포지션(특정 지면이나 위치)	

메일링 리스트의 바이블인 '다이렉트 마케팅 목록 자료Direct Marketing List Source'는 협력 및 패키지 프로그램을 포함하여 212개의 카테고리에, 19,000개 이상의 목록을 실었다. 도서관에 가서 이 엄청난 자료들을 몇 시간 동안 훑어보기를 강력히 추천한다. 그것은 훌륭한 마케팅 아이디어의 원천이다.

당신의 제품/서비스와 관련된 목록이 몇 개인지 확인하라. 당신 제품을 우편으로 전국 판매 및 유통하는 것으로 조정할 수 있을 것이다. 당신은 이런 보석 같은 자료에서 많은 아이디어를 얻을 수 있어서 놀랄 것이다. 다양한 목록을 살펴보기만 하는데도 적어도 2시간을 들여야 한다. 각 리스트에는 다음과 같은 정보를 제공한다.

직원 정보	요약 정보
리스트 출처	중개료, 신용 정책
주소 라벨 종류	배송 일정
제한 규정	전문 분야
선택 옵션	수수료 및 보증금
메일 서비스	테스트 제도
포장 및 배송 서비스	수량 및 임대료

SRDS에는 3,200개 이상의 신문사 목록이 실린 〈신문사 광고 자료Newspapers Advertising Source〉라는 간행물도 있다. 각 리스트에는 다음 정보가 포함된다.

신문 구매 참고 자료

지역, 세대, 유효 구매 소득EBI, Effective Buying Income 및 소매 판매를 포함한 인구 조사 지역 및 주별 시장 데이터

표준 광고단위SAU, Standard Advertising Unit 정의

신문사 대표 섹션(신문 그룹 및 대표 회사 포함)

전국지 목록

주별 일간지

전국지 분류 광고 요금과 데이터

일간지 분류 광고 요금과 데이터

국제적으로 발행되는 신문

신문사 발행 잡지 및 만화

주간지와 전문지

대학 신문

흑인 신문

SRDS를 한 단계 높은 차원에서 이용하려면 '게리 핼버트의 보론에서 보낸 편지(그의 웹 사이트에서 찾을 수 있으며, 이 장 앞부분에 나와 있다)'를 읽어보길 강력히 추천한다. 그는 이 리스트에서 돈을 버는 매우 유용한 몇 가지 방법에 대해 간략하게 설명한다.

해리 '행크' 존슨 Harry 'Hank' Johnson
전 NASA 과학자가 달로 두 번째 잔을 보내다

해리 '행크' 존슨은 전 NASA 과학자이자 1998년, '보디 포 라이프 챌린지Body For Life Challenge' 대회에서 참가자 22만여 명을 제치고 그랜드 챔피언의 자리에 올랐다. 1999년, 그는 대회 우승을 위해 사용했던 피트니스 프로그램을 판매하기 시작했다. 그 후 그는 단백질 파우더인 행크스 파이니스트Hank's Finest를 개발했고 2004년 12월, 바스티유 뷰티 제품Bastille Beauty Products 판매를 시작했다.

해리는 수백 명의 사람이 최고의 몸을 만들 수 있도록 도왔고, 건강과 피트니스에 대한 전문지식으로 잡지 〈머슬 미디어 Muscle Media〉에 월간 칼럼을 쓰게 됐고, 피트니스와 건강 관련 질문에 답해줬다.

그는 "내 지식과 제품을 팔아서 큰돈을 벌고 동시에 다른 사람들의 삶을 나아지도록 도울 수 있다는 사실이 자랑스럽다"라고 말했다. 해리는 서핑, 비행(조종사), 운동 및 여행을 즐긴다. 그는 아내와 결혼한 지 6년째 되었고 생후 17개월 된 아들 크리스티안과 함께 살고 있다. 해리의 일에 대해 자세히 알고 싶다면, www.healthfitnesschannel.com에 방문해 보기 바란다.

1998년, EAS, 보디 포 라이프 챌린지에서 우승했다. 당시 38세였다. 당시 많은 이들이 체형을 바꾸는 방법에 대해 도움을 구했다. 신체 단련을 도와달라는 부탁을 여러 번 받은 후 난 목마른 군중을 찾았다는 걸 깨달았다. 그래서 멋진 몸을 가꾸는 것에 대해 알고 있는 모든 것을 적었다. 원고 완성에 2년이 걸렸고, 오늘날 출간된 내용으로 다듬고 수정하는 데 7년이 걸렸다.

그 책을 팔기 전부터 그 책과 같이 패키지로 함께 내놓을 상품 무언가가 필요하다는 걸 바로 알았다. 고객들이 일단 한 번 좋은 몸을 만드는 방법을 알면 다시 그 정보를 팔 수 없다. 따라서 내 프로그램을 다시 고객들에게 팔 수 없었다. 물론 개인 컨설팅을 제공할 수 있지만(이는 독자에게 매우 실행 가능한 옵션이다) 난 여전히 NASA에서 일하고 있었고, 스케줄이 허락하지 않았다.

그래서 궁리를 해보았다. 처음 몸을 만들 때를 떠올리며, "몸이 안 좋고 과체중이었을 때, 난 어떻게 몸을 더 쉽게 단련했었지?"라고 자문했다. 그래서 신체 단련에 도움이 되도록 무엇을 해야 했는지에 대해 생각했다.

건강하고 규칙적인 식사가 중요하다는 건 누구나 다 안다. 하지만 하루에 다섯 끼 혹은 여섯 끼를 요리할 시간은 없다는 것과, 내가 가는 곳마다 이런 음식을 들고 다니기 싫어할 것이라는 걸 알았다. 더불어 하루에 한두 번은 달콤한 것을 먹고 싶다는 것도 깨달았다. 그러다가 생각이 났다! 일부 식사를 식사 대용 파우더로 바꿨지만, 맛이 별로였다. 그러므로 내가 맛이 좋은 식사 대용 파우더를 만드는 것이다! 바로 그거였다! 그래서 내 피트니스 프로그램으로 첫 번째 제안을 하고, 저렴하고 맛이 좋고 편리하며 식사 대용으로 먹는 셰이크에 넣을 수 있는 '단백질 파우더'라는 두 번째 잔을 후속 판매했다. 이를 만드는 데 8년이나 걸렸고, 이는 무려 198번의 시도 결과였다.

사실, 이 두 번째 잔을 훨씬 더 빨리 선보일 수 있었지만, 그랬다면 거절할 수 없는 제안의 기본 원칙 중 하나인 '높은 투자수익률'이라는 제안을 어겼을 것이다. 맛이나 재료 구성을 신경 쓰지 않고 단백질 파우더를 아무렇게나 만들 수 있었다. 하지만 그렇게 하는 건 매우 근시안적이었을 것이다.

우선 내가 훌륭한 제품을 만들었는지 분명히 하면서 거절할 수 제안의 또 다른 기본 원칙을 따랐다. 고객의 기대(취향)를 충족하거나 심지어 뛰어넘는 제품을 만들었기 때문에 거의 자연스럽게 퍼지는 입소문 광고의 효과를 거둘 수 있었다.

여기서 중요한 교훈은 다음과 같다. 쉽게 돈을 벌기보다는 많은 돈을 벌고 싶다면, 좋은 품질의 제품을 만드는 데 시간을 들여야 한다는 것이다. 그렇게 할 때, 진정으로 영향력 있고 진실한 시금석을 만들 수 있다. 그런 다음 제품이 고객의 기대감을 정말 충족시키거나 뛰어넘으면 다른 모든 일은 거의 자동으로 일어나게 된다. 당신의 기존 고객들은 당신의 제품을 재구매할 것이고, 기존 고객들은 전도사처럼 당신 제품에 대한 홍보를 자처할 것이다.

맛있는 스테이크를 먼저 구운 다음에 실컷 지글지글 소리를 낼 수 있다. 내가 했던 방법은 이와 같다. 먼저 최고의 '스테이크'를 만드는 데 시간을 들였다. 그런 다음 사람들이 내 제품을 사용해 보고 푹 빠지도록 해야 한다는 걸 알았기 때문에, 사람들에게 무료 샘플을 보내주겠다고 제안했다. (특히 제품이 고객의 요구에 부응하는 경우) 이 방법이 매출을 폭발적으로 증가시키는 데 얼마나 효과적인지 생각해 보기 바란다.

당신의 제안에서 당신의 제품이 매력적인 이유를 알려주고 (개발한 단백질 파우더가 '세상에서 가장 맛있는 단백질 파우더'라고 홍보했다), 고객들은 제품을 써보고 그 주장이 사실인지 확인하는 데 단 한 푼을 내지 않아도 된다.

오늘날 사람들은 영업활동에 대해 극도로 회의적이라는 점을 기억해 두어야 한다. 고객들은 늘 자문한다. "무슨 속셈이지?" 그래서 난 사람들이 가능하면 쉽게 내 샘플을 받을 수 있도록 했고, 어떤 조건도 붙이지 않았다. 내 웹사이트에서 이름과 주소 입력하는 양식을 작성하거나 800번 번호로 전화를 걸어 이름과 주소를 남기는 것만으로 무료 샘플을 받을 수 있다고 사람들에게 말했다. 이러한 거래에 사람의 개입이 전혀 없다는 것을 알 수 있도록 슬쩍 수를 써두었다. 그리고 이것이 의심의 장벽을 걷어 주었다. 사람을 상대할 필요가 없으니 물건을 사라는 권유에 시달릴 필요도 없기 때문이다.

무료 샘플을 제공하기 시작한 이후로, 내 웹사이트 방문자 67퍼센트가 무료 샘플을 신청했다. 무료 샘플을 받아본 사람들 중 27퍼센트가 제품 구매를 했다. 월 단위로 받는 것에 동의한 구매 고객에게 할인된 가격으로 제품을 제공했다. 이로써 지속적인 매출 증가를 이뤘다.

제품에 대한 좋은 첫인상을 만드는 데 집중하라. (내 프로그램과 같이) 해당 제품을 다시 판매할 방법이 없더라도 (내 단백질 파우더처럼) 다른 관련 제품을 만들어낼 때 고객이 두 번째 잔을 살 가능성은 훨씬 높아진다. 첫 잔을 팔 때 기대보다 더 좋은 것을 제공했기 때문이다.

리 벤슨Lee Benson
새로운 고객을 노련하게 설득하거나
더 나은 방식을 제시하는 방법

리 벤슨은 러셀 브런슨Russell Brunson처럼 전자 업계 전장에서 마케팅 능력을 입증함으로써 전문가로 거듭난 젊은 인터넷 기업가 중 한 명이다. 21세가 되어서 그는 다양한 시장에서 제품을 1백만 달러 이상 팔았고, 오늘날 웹사이트 방문자는 연 2백만 명이 넘는다. 인터넷에 처음 발을 디딘 이후, 리는 훌륭한 웹사이트를 25개 이상 만들었고, 10만 줄 이상의 컴퓨터 코드를 생성했다. 150개 건 이상의 세일즈 레터와 25,000건 이상의 이메일 메시지를 작성했고, 17,000곳 이상의 개별 제휴사를 모집하며 기업 2곳을 소유했다. 5만 명 이상의 고객에게 제품을 판매했고, '인터넷' 상에서 1만 시간 이상 일했다.

그가 여기서 설명하는 기술은 주문서에서 아마존닷컴이 이용하는 것과 유사하지만 맥락은 완전히 다르다. 내 경험상, 여기에 리가 알려주는 상향 판매 형식 추가는 최초 주문 완료 후에 사용하는 것이 더 효과적이라는 것을 알게 되었지만, 이것은 직접 테스트를 해서 확인해 볼 문제다. 어느 쪽이든, 두 번째 잔 제안을 당신의 웹사이트에 바로 적용할 수 있는 멋진 방법에 관한 이 이야기를 분명히 즐길 수 있을 것이다. www.eliteinnercircle.com을 방문하면 이에 대해 더 상세히 알 수 있다.

친절한 괴짜 실험자들이 자신의 전략과 경험담을 소개하면서 우리를 여기까지 안내하는 동안 한 가지 더할 나위 없이 명확한 사실이 드러났다. 바로 돈을 엄청나게 벌기 위해서는 표적 시장의 목마름을 완전히 가시게 해 주어야 한다는 사실이다. 그것도 그들이 목말라할 때마다 말이다.

이는 목표 시장 고객들이 원하는 것을 두 번째 잔, 세 번째, 네 번째 잔 등으로 계속해서 제공한다는 의미이기도 하다. 다음에 소개하는 내용은 반복적 판매를 더 빠르게 할 수 있는 기법 중 내가 가장 선호하는 것이다. 확실히 믿을 수 있고, 다행히도 거의 모든 기업은 영업 플랫폼에 수월하게 시행할 수 있는 능력이 있다. 정말 간단한 방법이지만 총 수익은 두 배로 늘어나게 된다.

첫 번째 영업부터 더 많은 돈을 요구하는 법

- 그리고 수익을 두 배로 늘리기 위해 고객이 충분한 시간을 들이게 하는 방법

이 전략을 '고객이 첫 잔을 마시기 전에 두 번째 잔을 제공하기'라고 부르는데, 그 방법은 다음과 같다.

단계별 이용 방법

이를 설명하기 위해, 당신이 이미 상품 또는 서비스 판매업을 하고 있다고 가정할 것이다. 그렇다면 당신은 어떻게 하면 될까?

1단계: 먼저 주문 양식(웹페이지나 종이)을 만들어서 제품이 고객에게 제공하게 될 핵심 혜택이 무엇인지 밝힌다. 이 일은 쉽다. 잠재 고객을 여기까지 이끈 판촉물에서 모든 단서를 얻을 수 있다. 먼저 스스로에게 물어본다. "내 고객은 왜 이것을 구매하는 것일까?"

두세 가지 핵심 혜택을 생각해 보라. 고객은 자신을 위해 구매하는가? 자신의 비즈니스에 도움이 되기 때문에? 시간을 아끼려고? 골프 스윙 실력을 늘리려고? 하나의 보다 큰 전반적인 이득의 공통 요인이 될 수 있는 주요 혜택과 관련된 다른 이득은 무엇인가? 그 혜택들이 모여서 더 큰 혜택을 낳는 것일까?

지금 완전히 이해가 안 된다면, 다음 예제들을 보면 명확히 이해될 것이다.

2단계: 답을 알게 되었다면, 첫 번째 제품의 이득과 관련된 다른 제품이 있는지 찾아보자. 골프채를 판다면, (골프 선수들이 코스에서 경기력을 높이려는 이득과 관련 있는) '골프 교육 비디오'를 생각할 수 있다. 경제 서적을 판매한다면, 첫 번째 이득을 보완하는 2차 수단으로 (이 경우 독자의 비즈니스에 도움이 될 수 있음) '컨설팅'을 생각할 수 있다.

휴가 관련 상품을 판매한다면, 고객의 전반적인 휴가 경험과 관련된 이득인 '여행자 보험'을 고려할 수도 있다. 이미 제안했거나 가까운 미래에 현실적으로 제안할 수 있는 제품인지 확인한다(그런 후 그 상품을 제안하는 행동을 한다).

3단계: 두 번째 제품 가격을 고려해 소매/정가 영업의 일반적인 고객 유치 비용을 과감하게 줄인다. 유치 비용? 이미 고객을 유치했기 때문에 줄일 수 있다. 광고비는? 그 비용도 낮

취라. 제휴사 비용은? 그것도 여기서는 필요 없다. 보통 낮은 재고량 유지에 방해가 되는 모든 가격 장벽(그리고 약간의 이윤)을 없애라. 원래 가격보다 적어도 3분의 1 정도의 낮은 가격을 목표로 한다.

왜 이렇게 하냐고? 당신은 (말 그대로) 주문서에서 첫 번째 제품과 동시에 두 번째 제품을 제안하고 있다. 고객 유치 비용이나 광고 비용을 쓸 필요가 없다. 내야 하는 판매 수수료도 없다. 일반적 비용은 (첫 번째 잔) 1차 영업에 모두 포함된다. 2차 영업(상향 판매 또는 두 번째 잔)에는 이런 비용이 빠져있다. 그래서 할인할 수 있다.

첫 번째 제품과 동시에 두 번째 제품 판매를 권하는 것이 목적이다. 다음 단계에서 그 방법을 살펴볼 것이다.

4단계: 제품을 정하고 기존 주문서를 수정해 신제품 소개를 작은 기사 형태의 광고로 포함한다. 가격 인하와 그 제안의 독점적 특성을 강조하는 작은 광고물의 헤드라인에 주의를 기울인다. 다음 단계를 보면서 어떤 식인지 살펴보자.

골프 장비:

"골프채를 구매했으니 이제 골프 잘 치는 법을 배워보세요! 스윙의 비밀

DVD 구매 시 바로 65퍼센트를 할인받을 수 있습니다! 첫 구매를 하신 분께만 드리는 행운을 놓치지 마세요."

경제 서적:

"70퍼센트 할인된 가격으로 저자를 직접 초빙해 함께 일하세요."

휴가:

"지금, 저녁 식사와 극장표를 30퍼센트 할인받으세요."

소프트웨어:

"12월에 출시되는 버전 2.0에 기존에 보지 못한 네 가지 새로운 기능이 있어요. 다른 사람들보다 40퍼센트 저렴한 가격으로 구매하세요."

세미나:

"절반 가격으로 친구, 파트너 또는 배우자를 데려오세요!"

정보물:

"비공개 그룹에 997달러에 단독 판매됐던 '비밀 추가 챕터'를 단돈 57달러에 구매하세요!"

컴퓨터 장비:

"전국 어디에서나 99달러만 추가로 내면 60분 이내에 장비 설치 및 환경 설정까지 해드립니다."

웹호스팅:

"비즈니스용 사이트인가요? 그렇다면 '무료로' 고객 신용카드를 빠르고 안전하게 처리하세요. 무료입니다(체크박스에 표시만 하세요)!"

이는 몇 가지 예일뿐이다. 특별히 반짝이는 아이디어도 아니니까 당신은 훨씬 더 잘할 수 있다(비록 내가 이 헤드라인 구상에 5분을 들였지만, 당신은 그 결과에 놀랄 수도 있다) 당신 제품에 맞게 헤드라인과 제안 내용을 바꿔보라.

5단계: 광고에 체크박스와 함께 '이 특별 제안을 이용하려면 체크하세요'라는 문구나 다른 구매행동이 일어나게끔 유도하는 효과적인 문구를 넣어야 한다. 짧은 광고라는 점을 기억하고, 세부 정보를 포함하면서 혜택을 요약한다. 세일즈 레터를 쓰는 것이 아니다. 당신은 고객이 체크박스에 표시하고 바로 우편으로 주문서를 보내거나 웹사이트에서 제출 버튼을 클릭하기를 바라고 있다.

그 광고는 어느 위치에 넣어야 할까?

고객이 꼭 보게 되는 곳이다. 난 보통 '결제 옵션' 바로 밑에 넣는다. 신규 고객이 주문 페이지에 카드 정보를 입력할 때, 난 이 제안을 쉽게 추가할 수 있도록 하고 싶었다. 고객이 체크박스 클릭만 하면 상향판매를 수락할 수 있게 했다. 내 경험으로는 확실히 이윤이 늘어났다.

6단계: 바로 그런 것이다. (웹 기반인 경우) 제안을 온라인 주문 시스템에 통합하거나 새로운 다이렉트 메일 양식을 프린트하면 된다. 또는 추가 테스트로 세 번째 제안을 시도해 볼 수 있다. 난 아직 시도해 보지 않았다. 누가 알겠는가? 일단 해보는 거다.

그렇다면 이런 기법이 왜 효과가 있을까?

답은 마케팅의 다른 부분도 다 마찬가지지만 바로 심리학에 있다. 사람들은 돈을 아끼고 싶어 한다. 게다가, 제안이 '독점'이거나 '단 한 번뿐'일 때는, 보통 사람이 구할 수 없는 뭔가를 얻게 된다. 당신은 구매자의 '자아'에 판매를 하고 있는 셈이다.

고객이 관심을 기울여 구매에 동의하고 주문서를 작성/제출하는 시점 사이의 그 짧은 시간은 매우 특별하다. 매우 흥분

되어 있고 열광한 상태의 고객을 붙잡는 순간이다. 그들은 이미 열광하고 있기에 바로 영업활동을 더 펼칠 수 있다(하지만 역효과가 날 수 있으니 주의하라. 마지막 순간에 의심할 여지가 생기면 거래가 끝날 수 있다. 구매 직전 심리는 정말 깨지기 쉬운 것이니 조심해서 다뤄야 한다).

실제 결과

내가 처음으로 '표준 주문서 대 상향 주문서'로 두 번째 잔 영업을 시도했을 때 놀랍게도 고객 40퍼센트가 체크박스에 표시하고 두 번째 잔 제안을 받아들이고 있다는 것을 발견했다. 그 후 그 40퍼센트는 다소 부족한 결과라는 걸 알게 됐다. 종종 고객 50퍼센트 또는 60퍼센트 심지어 70퍼센트까지 올라갔다!

이는 무슨 의미일까?

내 주문서를 받아본 고객들 중 거의 절반이 첫 구매에 더 많이 사갔다는 뜻이다. 이런 결과는 그들에게 설득하지 않아도 나타난다. 두 번째 제안은 첫 번째 제안의 이득에 편승했다. 첫 번째 잔을 팔려고 노력하면서 혜택을 입증시켰던 덕분에 두 번째 잔은 심리적으로 자연스레 받아들여지게 된 것이다. 난 고객들이 쉽게 주문하도록 만들었다. '체크박스에 표시만 하면 됩니다.' '돈을 절약하세요.' '더 큰 혜택을 누리세요.' 이러한 메시지를 남기자 평균적으로 거의 절반의 고객이 별도의 프로모션이 없어도 옵션 제공 시에 돈을 더 내고 구입했다!

즉, 신규 고객들은 첫 번째 잔을 받기 전부터 두 번째 잔을 마시고 있다. 그것이 바로 지불 금액 증가다.

나의 전략은 저가 품목에서 고가 품목에 이르기까지 모든 제품과 서비스에 적용된다. 당신에게 영감을 줄 실제 사례 두 가지를 살펴보자. 그러면 영감을 얻을 수 있을 것이다.

프로모션 사례 #1: 697달러짜리 강의를 397달러짜리 상향 판매 상품과 결합했다.

웹사이트에서 확인해 보면 2,398명의 방문자와 44건의 판매를 기록해, 총 전환율 1.83퍼센트를 나타냈다. 신규 고객 44명 중 26명(59퍼센트)이 체크박스를 클릭해 397달러의 상향판매를 선택했다.

총 매출은 상향 판매 덕분에 3만668달러에서 4만990달러로 증가했고, 평균 판매금액은 697달러에서 약 931달러로 증가했다. 방문자 가치는 클릭당 12.78달러에서 17.08달러로 높아졌다.

이것은 공짜 돈이나 다름없다. 그리고 가장 좋은 점은? 상향 판매는 오래된 방법이지만 분명 여전히 영업 가치가 있다. 하지만 이런 경우 주요 제안으로 포지셔닝하기가 매우 어렵다. '장황한 광고'의 응답률은 1~2퍼센트였지만, 다른 제품과 결합할 경우 59퍼센트의 응답률을 보였다. 길이도 훨씬 짧고 설득력도 떨어지는 광고가 20~30대 더 좋은 반응을 이끌어낸 셈이다. 다음은 바로 내가 썼던 광고다(단위 합계만 바뀌었다).

Marketing Quickies™ 라이선스 66퍼센트 할인

단돈 397달러에 이 놀라운 제품을
장바구니에 추가하세요!

Marketing Quickies™ 라이선스 5개만 추가 판매합니다. 기회가 있을 때 추가하세요!

☐ 단돈 397달러에 Marketing Quickies™ 라이선스를 추가 주문하려면 앞의 체크 박스에 표시하세요! 15만 달러 이상의 매출을 안겨준 최초의 라이선스이며, 여전히 매일매일 수익을 내고 있어요.

두 가지 제품을 판매하고 100퍼센트 수익을 내세요.

Marketing Quickies™는 미 개봉된 CD 2장 코스로, 개당 최고 $197에 판매돼요(신규 판매에서 15만 달러 이상 매출을 올렸어요).

이 CD에는 우리가 100만 달러의 매출을 올렸던 온라인 사이트의 빠르고 쉽고 최고의 마케팅 기법을 알려주고, 비디오 튜토리얼이 담겨 있어요.

이 강의의 라이선스 판매가는 1,191달러에요.

하지만 오늘은 단돈 397달러에 구매할 수 있고, 두 가지 놀라운 제품을 판매하고 100퍼센트 수익을 낼 수 있어요. **주문에 추가하세요, 지금 당장!**

프로모션 사례 #2: 47달러짜리 구독 상품을 97달러짜리 '골드'상품으로 업그레이드하기

내 친구는 자신의 지식 사업에 같은 기법을 시도하고 싶었다. 문제는 판매할 제품이 월 47달러짜리 구독 서비스 단 한 개뿐이었다. 그래서 그는 어떻게 했을까?

기본 상품의 '골드' 버전을 만들었다. 이것은 기본적으로 몇 가지 유익한 혜택이 있는 동일 상품으로 즉, 기본 가입자는 이용할 수 없는 추가 팁과 요령, 추가 지원, 골드 회원 전용 포럼 제공이다. 월 97달러로 가격을 책정했다.

그 이후 결과는 어떻게 됐을까?

매일 주문서의 40퍼센트에서 55퍼센트가 골드 버전으로 업그레이드했다. 지난주 어떤 날은 구독 서비스 86건 판매됐고 38건은 골드 버전을 선택했다. 그날 수익은 4,042달러에서 5,942달러로 1,900달러(47퍼센트) 증가했다.

이는 몇 가지 예에 불과하다. 이런 방법이 당신의 비즈니스에 어떤 영향을 미칠까? 직접 해보라. 이와 같은 개념은 웹사이트 및 다이렉트 메일 등 거의 모든 유형의 주문서에 적용할 수 있다. 난 이후로 이 방법을 여러 번 사용했고, 매번 똑같은 일이 일어났다. 그렇게 하지 않았다면 얻지 못했을 수익을 끌어모았다.

마지막으로 당부하고 싶은 말

난 수년간 인터넷 마케팅 활동을 해왔다. 하지만 아주 오랫동안 이 기법을 모르고 있었다. 창의력이 부족하거나 적용 범위가 한정돼서가 아니라 그냥 시도하지 않았기 때문이다. 실천하지 않는 것이 가장 비용이 많이 드는 일이다. 상향 판매 방식을 채택하지 않은 기업들은 어쩌면 가장 수익성 좋은 방법을 놓치고 있는 것일지도 모른다.

얼마나 많은 기업이 고리타분한 마케팅 아이디어로 지쳐가고 있는가? 보수적으로 추정하면 이 기법으로 현재 숫자 6자리 수익을 내는 기업은 쉽게 7자리 수익 가치를 얻고, 5자리 수익의 기업은 6자리 수익 가치를 얻을 수 있다. 상향 판매를 제안하는 두 번째 잔 주문서 작성에 조금의 시간을 투자하면 비즈니스를 성공적으로 운영하는 것뿐만 아니라 엄청난 수익을 올릴 수 있다. 주문서 한 페이지에 있는 사소하고 작은 체크박스, 헤드라인, 짧은 광고 문구에서 비롯됐다. 한번 해 보고 싶지 않은가?

제이슨과 스카이 맨그럼Jason & Skye Mangrum
평생 공짜로 충성도 높은 독자와 구독자, 고객을 모으는 방법

제이슨 맨그럼과 스카이 맨그럼은 마케팅을 연구하는 부부다. 시장성 테스트에 열정적이며 놀라운 결과를 만들어 냈다. 제이슨은 합작 투자 전문가이자 《E-코드The E-Code, John Wiley & Sons, 2005》와 e-북 '인스턴트 트래픽 포뮬라The Instant Traffic Formula'를 비롯한 수많은 베스트셀러에 기고한 저자다. 또한, '세계 최초 매니페스페이션Manifestation 소프트웨어'와 세계 최초 자동화 합작투자 소프트웨어인 '인스턴트 마케팅 미러클The Instant Marketing Miracle'의 공동 제작자이기도 하다.

스카이는 전문화가, 웹 디자이너, 배우, 음악가, 가수, 작곡가, 댄서, 라디오 진행자, 그리고 마케터 전문가로 그녀가 못하는 건 없는 것 같다. 그녀의 독창적인 아이디어와 콘셉트는 제이슨의 성공에 큰 역할을 했고 전 세계 기업가 지망생들의 삶에 긍정적인 영향을 미쳤다.

제이슨과 스카이는 현재 테네시 주 클락스빌에서 두 살 난 아들 애론 아마데우스 맨그럼과 함께 살고 있으며, 마이클 안제로 맨그럼이 태어날 예정이다. 이 글은 부부가 매일 현장에서 하는 혁신적인 일의 유형을 예로 들었다. www.PassiveIncome Empire.com을 방문하면 그들에게 연락할 수 있다.

당신은 어느 은하계에서 왔는가? 당신의 커뮤니티는 어디인가? 자, 당신은 거절할 수 없는 제안을 찾았다. 지금 당신의 물이 메마른 시장Dehydrated Market은 어디에 있는가? 소비자라는 사막Customer Desert 한가운데에서 그들을 만나 첫 번째 중독성 있는 시원한 탄산수를 제공할 수 있는 몇 가지 창의적인 방법이 있다.

블로그 세상Blogosphere에 온 것을 환영한다. 이미 사람들이 왕성한 활동을 하고 있는 곳, 교류가 잦은 곳에서 그들을 만나라. 인터넷에서 사람들이 모여드는 곳에는 몇 군데가 있다. 바로 블로그와 포럼(토론 사이트)이다. 이런 이야기를 자주 듣는다는 걸 알지만, 그 공간은 효과가 있다. 그 공간을 이용하는 방법을 소개하겠다.

먼저 구글, 야후, 블로거닷컴Blogger.com과 기타 수많은 블로

그 디렉터리에서 틈새시장과 관련된 블로그를 검색하라. 사람들의 활동 공간에서 당신의 목표 시장을 정면으로 마주하는 방법이다. 당신의 틈새시장에 집착하는 사람들로, 가장 큰 관심사인 당신의 돈벌이 제품을 쓰고, 토론하며 검토하는 데 하루에 몇 시간씩 시간을 바친다!

www.blogger.com/blogsearch에서 블로거닷컴의 새로운 '블로그 검색' 기능을 이용하는 것이 목표 시장 내에서 블로그를 찾는 가장 빠르고 쉬운 방법이다. 이제 블로그를 찾았으니 시간을 내어 의견을 말하라. 틈새시장이 마음에 든다면 성가신 일은 아닐 것이다. 피드백을 해라. 당신과 관련 제품 또는 사이트에 대한 간단히 언급하고, 그들에게 당신을 어디서 찾을 수 있는지 말해주는 것을 잊지 마라. 만약 진심이 느껴지고 도움이 되는 정보를 제공한다면, 이제 막 발을 디딘 것이다. 소비자 기반의 대화형 커뮤니티로 바로 연결되는 비밀 포털을 찾았기 때문에 이제부터 주의를 기울여야 한다. 멋진 피드백, 제품 아이디어(관심을 기울이면 그들이 선택한 음료가 무엇인지 말해줄 것이다), 제품이나 서비스를 최고로 세심하게 맞출 방법을 수없이 준비하라.

만약 글 쓰는 걸 좋아한다면, 직접 블로그를 만드는 것도 방법이다. 커뮤니티의 일원이 되는 것이다. 일부 대기업들은 연구, 테스트 결과, 제품 설명 및 출시 날짜를 블로그에 올리기 시작했다. 그리고 기사나 뉴스 보도자료에서 어느 특정 틈새시장에 대한 일반적인 정보를 얻을 수 있다. 그러나 자신을 포함해 모든 사람에게 호의를 베풀고 새로운 커뮤니티의 소통을 격려하라. 독자에게 의견을 남기고 RSS/XML 피드를 구독할 수 있게 하라. 마치 최상의 옵트인Opt-In, 전화나 이메일 또는 유료 서비스를 제공할 때 수신자의 동의를 받은 경우에만 발송할 수 있도록 하는 서비스 방식, 차단 불가능하고 매우 관심 있는 잠재 고객 리스트를 가지고 있는 것과 같다. (참고 사항: www.masternewmedia.org/rss/top55에서 빠르고 쉽게 타깃 트래픽 증가를 위해 올릴 수 있는 상위 55개 블로그/RSS 디렉터리 목록을 찾을 수 있다.)

이제 당신은 목마른 군중이 숨어서 매일 수천 명씩 증식하는 곳을 알았다. RSS 세계에 몇 가지 새롭게 추가된 것이 있다. 종종 '팟캐스트'라고도 하는 오디오 블로그는 청취자에게 오디오 피드에 가입하고 컴퓨터에서 멋진 목소리를 듣거나 MP3 플레이어에 다운로드할 수 있는 기능을 제공한다.

그리고 최근에 만들어졌고, 아직 마케팅 목적으로 실제로 사용되지 않은 영상 블로그다. 일반적으로 이 포맷으로 개인 일기나 짧은 영상을 찍어서 올리는 사람들 볼 수 있다. 확실한 비전이 있고 열정과 창의력이 넘치는 사람들에게 이런 구독

형식을 활짝 펼쳐 보일 기회가 당신에게 생긴 것이다.

이제 한 발을 내디뎠으니 불꽃을 일으킬 준비가 되었다. 블로그를 하나 만들었더면 하룻밤 사이 무료로 타깃 트래픽이 급증하도록 블로그를 다양한 블로그 디렉터리에 올려라. 게시물에 조금 번번해도 자신의 제품을 프로모션을 포함하는 것도 잊어서는 안 된다.

블로그로 연결되는 별도의 메인 사이트를 만들거나 그 반대로 해도 좋다. 메인 사이트로 연결되는 캡처Capture나 게이트웨이 페이지Gateway Page, 검색 엔진에 잘 검색되도록 만든 웹 페이지, 도어 웨이 페이지Doorway Page를 만들어라. 팝업 창이 아니고, 특별 제안, 이름과 이메일 제출 영역이다. 방문자가 '가입' 버튼을 클릭하면 당신의 홈페이지로 이동한다. 이것은 설정 프로세스로, 두 가지 방법이 있다.

1. 잠재 고객은 RSS 피드를 통해 블로그를 읽거나 관련 블로그에 남긴 댓글을 읽고 더 자세히 알고 싶기에 메인 사이트를 확인하고 스퀴즈 페이지Squeeze Page, 방문자의 이메일 주소 요청하는 페이지를 보게 된다. 방문자는 이름과 이메일을 입력하고, 이제 후속 조치를 할 수 있는 오토 리스 폰더 Autoresponder, 수신된 이메일에 자동으로 답장을 하는 컴퓨터 프로그램에 들

어왔다. 그런 다음 방문자는 메인 페이지, 세일즈 레터 또 기타 다이렉트 제안으로 자연스럽게 리디렉션된다.

2. 트래픽은 다른 방법(유료 소스, 검색 엔진 최적화, 기사 및 추천)을 통해 당신의 웹사이트로 연결된다. 방문자들은 먼저 스퀴즈 페이지를 방문해 자신의 이름과 이메일을 입력해서 오토 리스 폰더에 추가한다. 그런 다음 방문자는 세일즈 레터와 주요 정보가 있는 메인 사이트로 연결된다. 그곳에서 당신에 대해서 알 수 있고 당신이 쓴 글을 모두 읽을 수 있는 블로그에 접속이 가능하다. 잠재 고객은 당신에게 연락하여 아이디어를 보태고, (일명 최상의 옵트인 리스트인) RSS 피드를 구독할 수 있다.

이 이야기의 핵심은 무엇일까? 계속해서 퍼붓는 접촉의 여러 포인트는 바로 먼저 떠오르는 인식과 같다. 당신은 어디에나 있다. 그렇게 된다면? 그렇다. 당신은 전문가다!

- 스퀴즈 페이지(리스트 작성에 매우 성공적인 것으로 입증됐다)에 등록한 잠재 고객은 바로 당신부터 이메일을 받기 시작할 것이다.

- 이제 웹사이트는 블로그에 지속적으로 업데이트되는 콘텐츠에 연결됐고, 반복 트래픽을 유도한다.
- 블로그를 방문하여 콘텐츠를 좋아하는 잠재 고객은 피드를 구독할 것이고, 게시물을 올릴 때마다 해당 피드를 확인하라는 알림을 받거나 게시물 전체가 해당 게시물 애그리게이터Aggregator, 관련 정보를 모아 하나의 웹사이트에 제공하는 것 또는는 피드 리더Feed Reader, 사이트 갱신 정보를 자동으로 알려주는 소프트웨어에 표시된다.

우리는 최근 이 멋진 공식으로 메인 사이트 중 하나를 테스트하고 추적하기 시작했다. 메인 사이트와 블로그를 연결하는 캡처 페이지 시스템을 갖추고 있으며, 자동화된 기사와 직접 게재한 콘텐츠, 제휴사 테스트 결과 및 리뷰가 모두 업데이트된다(www.JasonMangrum.com 참조하라).

물론 모든 트래픽이 어디에서 오는지, 어떤 활동을 하는지 추적해야 한다. 사이트와 블로그를 제안하고 추적하며 홍보하기 위해 여러 서비스를 이용한다. http://tested-affiliate-marketing.blogspot.com에서 우리가 블로그에서 사용한 모든 소스를 찾을 수 있다.

두 번째 잔의 경우, 당신이 여기서 만든 것은 타깃 독자와 평생 연결되는 것이다. 블로그는 그 자체로 잠재 고객과 직접적인 인맥을 만드는 것과 같다. 계속 업데이트하는 건 쉽다. 당신은 오토 리스 폰더와 업데이트된 블로그를 이용해서 신제품과 함께 연락처 목록을 최신 상태로 유지하기만 하면 된다. 이는 제휴를 맺고 있는 모든 관련 제품을 홍보하는 매우 쉬운 방법이 될 수 있다.

꾸준히 구독자 리스트가 늘어남에 따라 두 번째 잔뿐 아니라 세 번째 잔도(홍보하는 한만큼 다른 잔도) 팔 수 있다. 과거에는 스퀴즈 페이지와 신속하게 리스트를 구축하는 다른 방법들이 두 번째 잔 제안의 완벽한 환경을 만들었다.

리스트가 정말 금처럼 값진 것이다. 옛 고객과 잠재 고객 모두 이메일 후속 조치를 통해 백엔드 제안을 받을 수 있다. 간단하고 직접적이며 지속적으로 커지고 있으며, 이제 블로그를 통해 차단할 수 없는 후속 조치 시스템이 있다(또한, 블로그의 RSS 피드로 스팸 불만 신고를 받지 않으며 이메일 전달률 Deliverability에도 문제가 없다!).

우리는 빠르게 변화하는 멀티미디어 홍보 포맷과 다른 방법들의 실험대상이다. http://tested-affiliate-marketing. blogspot.com에서 우리의 모든 모험, 테스트, 그리고 완전한 결과를 볼 수 있다.

야니크 실버 Yanik Silver
마법의 두 단어로 당신의 고객들이
두 번째 잔을 달라고 애원하게 만드는 법

야니크 실버의 친구들은 그가 2000년 2월, 웹사이트를 개설할 것이라고 말했을 때 비웃었다. 미심쩍어할 이유는 충분했다. 야니크는 웹사이트 디자인 기술도 없었고 컴퓨터 지식도 부족했으며 HTML이나 코딩 능력도 없었다. 그렇다고 해서 그가 2페이지짜리 간단한 웹사이트를 운영하는 것을 막지는 못했다.

불과 몇 년 만에 야니크는 17달러에서 1만4,500달러에 이르는 수백만 달러어치의 온라인 제품을 판매했다. 직원은 그의 아내 미시 단 한 명뿐이었다. 더불어 온라인 마케터의 선구자들이 이미 자신들의 네트워크를 구축했던 시기에 36,773개의 제휴사로 구성된 팀을 만들었다. 그가 이제 그 분야를 이끄는 전문가들 중 한 명으로 인정받는 건 당연한 일이다. 새로운 프로젝트 진행으로 바쁘지 않을 때, 그는 여행과 비치발리볼, 아이스하키, 그리고 찾을 수 있는 모든 종류의 익스트림 스포츠를 즐긴다.

다음 글은 야니크가 현재 마케팅의 전설 댄 케네디^{Dan Kennedy} 상주 인터넷 마케팅 전문가인 이유를 잘 보여준다. www.sure-firemarketing.com을 방문하면 야니크에 대해 더 잘 알 수 있다.

2001년, 이 비밀을 거의 우연히 발견했다. 인터넷 유통용으로 만든 바이럴 용 e-북을 처음 출간했을 때였다. 아주 성공적이었다. 사실, 오늘(2005년 10월 16일) 구글에 가서 e-북 '1백만 달러짜리 이메일^{Million Dollar E-mails}'이라는 제목을 인용부호로 입력했는데, 4년이 훨씬 지난 지금도 72,200개의 참고 문헌이 검색됐다. 내 e-북을 판매하거나 배포 혹은 언급하는 웹사이트는 72,200개에 달한다. 따라서 인터넷에서 수많은 사본이 유통되고 있는지 상상만 할 수 있었다. 하지만 요점은 이것이 아니다. 요점은 바로 두 개의 마법 단어다. 당신은 "저기, 야니크, 얼른 그 두 단어를 알려 줘!"라고 소리치고 있을 것이다. 알려주겠다고 약속은 하지만, 아직은 아니다.

몇 년 전인 2003년으로 돌아가자. 나의 작은 모험이었던

e-북과 표지에 '마법의 두 단어'가 포함됐다는 사실을 거의 잊어버리고 있었다. (앗, 여기에 힌트가 있다) 알다시피, 거의 끝없는 (상상할 수 있는 거의 모든 주제에 관한) 콘텐츠 소스를 말 그대로 몰래 가져다 쓰는 숨은 방법에 대해 솔직하게 터놓을 생각이었다.

'정보물 마케팅'이라고 불리는 e-북, 매뉴얼, 오디오 프로그램, DVD와 같은 자료를 온라인에서 성공적으로 판매하는 방법을 일반인들에게 가르친다. 하지만 사람들 대부분은 온라인에서는 모든 것이 무료라고 생각하기 때문에 정보를 판매하는 이런 전문화된 개념에 노출되지 않는 한 그것이 가능하리라고 생각하지 못할 것이다. 내 제자들이 배변 훈련 정보부터 기타 레슨, 온라인 투자 정보에 이르기까지 모든 것을 판매하고 작은 벤처 기업으로 6자리 숫자의 수입을 올린다고 말해주면, 사람들 대부분은 충격을 받는다.

하지만, 어려움을 겪고 있는 제자들에게 늘 들었던 큰 문제들과 우려 중 하나는 다음과 같다. "무엇을 팔아야 할지 모르겠어요." 또는 "판매할 정보를 만들 시간이 없어요." 빙고! 고객이나 잠재 고객이 무언가에 대해 불만을 가질 때마다 그들에게 당신의 거절할 수 없는 제안을 할 수 있는 많은 돈이 있기에 당신의 귀는 쫑긋할 것이다.

그때 2시간 동안 원격강의를 열어 몇 년 동안 이 방대한 퍼블릭 도메인 정보를 활용할 수 있었던 방법에 대해 털어놓기로 마음먹었다. 게다가, 법률 전문가와 퍼블릭 도메인 저작물로 성공을 거둔 두 명의 게스트에게 이 강의에 참여해 달라고 부탁했다.

세부 사항을 정한 후 구독자들에게 긴급 공지를 했고 반응은 뜨거웠다. 150~200개의 전화 회선이 필요할 것으로 생각했지만, 이 원격강의 통화에 850개 이상의 자리를 한 자리당 49달러(또는 오디오 CD 발송을 원하는 경우 97달러)에 판매했다. 약 2시간 동안 4만7,926 달러를 벌었지만, 더 중요한 건 이를 통해 폭발적인 반응이 촉발되었다는 점이다. 그러한 원격강의 후 800명이 넘는 참가자들에게 한 가지 질문을 했다. "퍼블릭 도메인을 찾고 이용하며 수익을 얻는 것과 관련해 아직도 풀리지 않고 여전히 남아있는 문제는 무엇인가요?"

다음은 내가 보냈던 메일의 내용이다.

퍼블릭 도메인에 대한 가장 큰 질문은 무엇인가요?
(   ) 님, 안녕하세요,
'풍부한 공유 자료Public Domain Riches'라는 제목으로 열린 원격강의가 끝난 후, 다음과 같은 엄청난 피드백을 받았어요.

"강의 후 머릿속이 잘 정리되지 않는 것 같아서 선생님께서 언급하신 몇몇 웹사이트를 검색해보았습니다. 이제 추진해 볼 아이디어가 떠올랐어요. 사실 그 회의는 제가 사는 곳의 표준시로는 오후 10시 30분에 끝났지만, 다음 날 아침 5시 30분쯤에 잠들었어요! 다른 사람들처럼, 저도 공유 자료에 대해 알고 있었지만, 자세하게는 몰랐습니다. 선생님의 강의 덕분에 제가 관심 있는 자료를 찾는 데 20분밖에 안 걸렸고, 간단한 이메일 한 통으로 그 저작물이 공유 자료라서 원하는 대로 사용할 수 있다는 걸 확인할 수 있었어요. 아직 아무것도 해 보진 않았지만 그전보다 열 배의 가치를 깨달았습니다."

- 모래그 피트, 영국 켄트 오핑턴 거주

"풍부한 공유 정보 자료' 강의 전부터 저작권 및 공유 자료를 이용한 업무에 대해 의문이 많았습니다. 하지만 선생님 강의 덕분에 저는 모든 걸 이해했고, 이제는 딱 한 가지 질문만 남았어요. 바로 제가 벌게 될 돈으로 무엇을 하면 될까요? 솔직히, 2시간 30분 동안의 회의 중에 정보 상품에 관한 여덟 가지 아이디어가 떠올랐어요. 네 시간짜리 강의였더라면 더 좋았을 텐데!"

- 조이 사이거스, 인디애나 주 찰스턴 거주

하지만 멋진 논평에도 불구하고 저는 아직 부족하다는 생각이 듭니다. 그래서 저는 공유 자료를 찾고 이용하며 수익을 얻는 것에 대해 여러분이 여전히 가지고 있는 가장 절박한 질문에 답하기 위해 참가비 없이 원격강의를 다시 한번 개최하고자 합니다."

그러므로 방문하셔서 여기에 질문을 남기세요.

[웹 사이트 주소를 적는다]

일정이 잡히는 대로 모든 분들께 원격 강의 날짜와 시간을 이메일로 알려드리겠습니다. 또 한 가지 공지 사항이 있습니다. 골드 회원으로 업그레이드되신 분께는 오늘 회의와 관련된 CD와 녹취록을 발송했으니 확인해 보세요(디지털 다운로드 정보를 받지 못했다면 알려주세요). 건승을 빕니다. 안녕히 계세요.

야니크 실버 드림

SurefireMarketing.com

추신 : 질문을 남기실 수 있는 링크를 다시 알려드립니다.

[웹사이트 주소를 다시 한번 적는다]

그렇게 대단한 것은 아니었지만, 고객들로부터의 답장과

반응이 도착하자 두 번째 잔에 대한 구체적인 아이디어가 떠올랐다. 그들은 공유 자료를 찾고 선택하는 것부터 정확히 이익을 얻을 수 방법에 이르기까지 단계별로 들을 수 있는 훨씬 더 포괄적이고 고급 프로그램이 필요하다고 말했다. 나는 15명을 대상으로 개인 온라인 강좌를 열기로 했고, 8주 동안 수강자들에게 이메일로 수업과 과제를 전달했다(이러한 온라인 수업은 총 5회 실시된 후 실시간 강의로 전환하면서 중단되었고, 다시 홈 스터디 과정으로 바뀌었다).

고급 단계의 내용을 원하는 요청에 더해서 우리가 받은 반응은 주로 "어떻게 어떤 저작물이 정말로 저작권이 없다고 확신할 수 있는가?"와 "어떻게 하면 정보를 판매할 수 있는 좋은 시장이나 틈새시장을 찾을 수 있는가?"라는 질문이 주를 이루었다. 이런 질문들을 받고 난 후 '풍부한 공유 자료Public Domain Riche)' 다음으로 제안한 것을 '공유 자료의 금광Public Domain GoldmineTM'이라고 이름 붙였다. 이 상품은 '물고기'에 해당했다. '어떤 사람에게 물고기 한 마리를 주면 그를 하루 동안 먹일 수 있지만, 물고기 잡는 법을 가르쳐 주면 그를 평생 먹일 수 있다'라는 표현을 분명 들어봤을 것이다.

하지만 오늘날 사람들은 그 어느 때보다 바쁘고 낚시를 배우고 싶어 하지 않는다. 차라리 구운 생선을 접시에 담아서 작은 망고 처트니Chuntney, 과일이나 채소에 향신료를 넣어 만든 인도소스와 곁들여 먹으려고 한다.

'공유 자료의 금광'은 35개의 다양한 틈새시장 소비자를 겨냥한 35개의 공유 자료를 뽑아서 구성됐고, 그런 다음 고객들에게 나누어졌다. 각각의 자료는 변호사에 의해 저작권이 소멸했고, (사람들이 글을 편집하고 조작할 수 있도록) 실제로 스캔되었다. 또한, 검색 엔진 키워드 조사, 시장 분석, 경쟁업체, 후속 상품, 가능성 있는 합작 투자 파트너 등이 담긴 업체 리스트 등이 포함된다. 다시 한번 말하지만 이것은 정말 고객의 니즈를 간파한 '물고기'였다.

이것이 정말 성공할 것이라는 예감이 들었고, 그래서 '풍부한 공유 정보'의 기존 고객들에게 공평한 기회가 주어지길 바랐다. 다음은 그들에게 뭔가가 대단한 것이 다가오고 있다고 알리기 위해 보낸 이메일이다.

'풍부한 공유 정보'의 고객님들에게 보내는 추가 공지

(   ) 님, 안녕하세요.

PublicDomainRiches.com의 야니크 실버입니다.

내일(2004년 5월 19일 수요일) 정확하게 정오 12시 정각(뉴욕

시각)에 '공유 자료의 금광이 여기 있습니다Public Domain Goldmine Is Here.'라는 제목의 이메일을 보내드리고자 합니다.

받게 되실 이메일에는 최상의 '맞춤형' 틈새 정보 마케팅 패키지에 관한 구체적인 내용이 실려 있을 것이니 주의를 집중해 주시길 당부드립니다.

준비하는 데만도 몇 달이 걸렸던 이 가혹한 프로젝트를 한 번 훑어보시고 혜택을 누리기만 하시면 됩니다. 사실, 제 파트너와 나는 고객님을 위해 현금으로 6,890달러가 훨씬 넘게 투자했고, 이 모든 것에 150시간 이상 노력했습니다. 이러한 노력이 들어간 만큼 세상 모든 이들이 이를 누리게 할 수는 없기에 단 250개 패키지만 내놓습니다.

하지만 이런 소식을 여러분에게 갑자기 알리는 대신, 모두에게 사전 공지하는 것이 공평하다고 생각합니다. 우리의 고객들은 다양한 시간대와 나라에 살고 있기 때문이죠(내 파트너도 자신의 최고의 고객들에게 똑같이 전하는 중입니다).

이제 다 말씀드렸으니, 내일 공개가 되면 슈퍼볼 때 자넷 잭슨의 의상 노출 해프닝보다 더 큰 혼란이 일어난 거예요. 그러니 250개 패키지 하나를 잡고 싶다면, 해당 이메일 내용을 잘 확인하세요.

공개될 내용을 보면 실망하지 않으실 거라고 장담하지만, 내일까지는 흥미로운 세부 사항에 대해 비밀을 유지하겠습니다.

건승을 빕니다.

아니크 실버 드림

잠시 뒤로 물러나서 여기에서 분명하지 않을 수 있는 것에 관해 이야기하겠다. 큰 블록버스터 영화나 개봉작이 이용하는 것과 같은 비결로, 그것이 바로 기대감이다. 〈스타워즈〉나 〈해리 포터〉로 신났던 때가 기억나는가? 규모가 작을 뿐이지 이것도 마찬가지다. 그렇다, 짧은 공지지만 뭔가 대단한 일이 생길 거라고 알린다.

다음 날 우리는 (약속한 대로) 제품을 발표했고 주문을 받았으며 우리의 매출은 치솟았다! 48시간도 안 돼 7만1천6백2십4달러를 벌어들였고, 9일 만에 250개의 패키지가 매진됐다.

첫 번째 패키지를 판매 후 다른 '퍼블릭 도메인 골드마인 TM' 패키지 판매를 시작했다. 실제로 지금까지 가장 긴 판매 기간은 13일이다.

어떻게 했냐고? 당신의 약을 올렸던 2개의 마법 단어를 이용하는 것이 크다. 자, 들을 준비가 됐는가?

두구 두구 두구….

1편 (Volume I)이다.

바로 이것이다. 너무 간단해 보이겠지만, 사람들이 당신의 '1편'을 마음에 들어 했다면, 그들이 뭘 원하겠는가? 당연히, 2편, 3편을 좋아하지 않겠는가?

생각해 보면, 정말 다양하게 응용할 수 있다. 할리우드를 예로 들어보자. 쿠엔틴 타란티노 감독의 최신작 〈킬 빌Kill Bill〉을 생각해 보라. 쿠엔틴은 1편은 〈킬 빌 1부Kill Bill: Volume I〉로 지었기 때문에, 속편을 볼 고정 관객들을 교묘하게 확보했다. 난 킬 빌: 1부를 보러 갔었고, 그 후 극장에 다시 가서 〈킬 빌: 2부 Kill Bill: Volume II〉에 비용을 내고 완결된 이야기를 봐야 했다.

자동으로 후편을 준비해두면, 고객은 두 번째 잔 (또는 세 번째 잔, 네 번째 잔, 다섯 번째 잔 등)을 달라고 조르게 된다. 그것이 바로 당신이 고객들을 응대하면서 부자가 되는 방법이다.

켄릭 클리블랜드Kenrick Cleveland
기준 도출로 사람들의 갈증 찾기

켄릭 클리블랜드는 22년 이상 설득 훈련의 중심인물이자 비장의 카드였다. 그는 '최전선에 있는' 설득자Persuader 10,445명 이상에게 3초 이내에 고객의 신뢰를 얻는 방법, (구체화하기 전에) 반대 의견을 물리치는 방법, 고객이 구매 결정에 자신감을 느끼도록 아주 멋지게 영업을 성사시키는 방법에 대해 가르쳤다. 켄릭의 고객들은 그의 기술을 사용하는 것만으로도 최대 407퍼센트의 매출 증가와 최대 352퍼센트의 수입 증가를 보고했다.

가장 주목할 만한 점은 켄릭이 영향력 및 설득을 위한 전략을 이용해 (현재 주택 연방은행으로 알려진) 주택 연방 저축 대출Home Fed Savings And Loan의 직원 교육 담당자들의 훈련을 도왔다. 부사장부터 은행 창구 직원에 이르기까지 기업 계층의 모든 레벨에 그의 방법을 적용했고, 주택 연방은행의 순 예금액은 10억 달러로 증가했다. 켄릭 클리브랜드를 www. maxpersuasion.com에서 만나 보자.

일대일 판매에서 내가 이용했고 수많은 사람을 교육해서 극찬을 받고 막대한 수입 증가를 이룬 기술 중 하나는 기준 유 도Criteria Elicitation의 사용이다. 기준 유도는 기본적으로 판매 중 인 특정 제품 또는 서비스에 대한 개인의 가치를 파악한 그 고 객이 당신에게 조금 전에 말했던 그대로 제품 또는 서비스를 설명함으로써 도덕적으로 이러한 가치를 일치시키는 것이다.

고객이나 어떤 시장에 이런 기술을 적용할 때, 사업은 정말 대성공을 거뒀다. 표면적으로 기준 유도는 매우 간단한 프로 세스다. 목마른 잠재 고객을 찾기 위해 사람에게 적용하면 다 음 질문이 포함된다.

"당신은 왜 여기에 오셨나요?"

그들은 해고하고 싶은 목마름을 대답할 것이다. 당신에게 판단 기준을 제시하기 위해, 직접 판매에서 어떻게 작용하는 지도 설명하겠다. 예를 들어, 당신이 직접 만나 부동산(또는 다 른 제품이나 서비스)을 사려는 경우, 난 먼저 다음과 같이 질문 할 것이다.

"오늘 왜 오셨나요?"

당신은 이 질문에 다음과 같이 답할 것이다.

"지금 집이 너무 작아요. 지금 재택근무를 하고 있는데 아이들도 내내 집에 있고 뛰어다녀서 일에 집중하기에 힘드네요."

시장 또는 목마른 군중에게는 어떻게 적용할까

먼저 온라인 광고 및/또는 신문 또는 잡지 광고에 응답한 이들의 데이터베이스를 만들어라. 당신에게서 구매했거나 거래에 대해 문의한 사람들 리스트가 이미 있을 수 있다. 타깃 대상에게 간단하게 전화를 걸어서 "오늘 금융 관련 조언(또는 부동산 혹은 위젯)이 왜 필요하신가요?"라고 물어본다.

그들은 답을 할 것이다. 그 사람들이 당신에게 알려주는 정보가 금처럼 값진 이익이기 때문에, 그들의 말을 정확히 기록하는 게 정말 중요하다. 또는 "주변 부동산 업체들을 살펴보고 있는데, 당신 업체의 서비스를 확인하고 싶어서"라고 대답할 수 있다.

그러면 당신은 다시 질문한다. "그렇군요. 그런데 왜 지금인가요? 지금 왜 부동산 업체들을 살펴보는 건가요?"

이 질문에 그들은 "아이가 태어날 예정이라서 더 큰 집을 얻어야 해요." 또는 "막 은퇴했고 집을 줄이려고 해요." 혹은 무엇이든 대답할 것이다(다시 한번 그들의 말을 정확히 기록한다).

그럼 당신의 대답은 이럴 것이다. "아, 그러면 이사를 해야죠. 지금 부동산을 살펴보고 계신 이유가 이해되네요. 그렇지만 더 확실히 파악하기 위해서 좀 더 여쭤볼게요. 집의 규모를 줄이는 중요한 이유가 뭔가요?"

여기에서는 그 사람들이 당신에게 사용한 말을 그대로 이용해서 "'그것'에 있어서 중요한 점이 뭔가요?"라고 물어봄으로써 피드백을 주는 것이 포인트다. 이것이 사람들의 첫 번째 가치, 즉 그들에게 가장 소중한 기준이기 때문이다.

그들은 "음, 모든 공간이 필요하지 않고 크기를 줄여서 자산 일부를 확보하면서 작지만 멋진 곳에서 편안한 은퇴 생활을 하고 싶어요"와 같이 대답할 것이다. 그럼 당신은 이렇게 답한다. "와, 좋은데요. 멋지고 작은 곳에서 안전한 은퇴 생활을 원한다는 게 정말 이해가 되네요. 멋져요. 정말로요. 그럼 멋지고 작은 곳에서 안전한 은퇴 생활하는 것이 왜 중요한가요?"

다시 한번 당신은 그들의 말을 그 사람들에게 정확히 되풀이하고 있다. 이것은 두 번째로 중요한 기준이다(당신은 그들의 말을 전부 기록하고 있다).

그들은 다시 이렇게 답할 것이다. "여행을 떠나고 싶고 예전에 가보지 못한 곳을 다 구경하고 싶어서요."

당신은 "아, 그렇군요. 정말 멋진데요. 여행을 떠나고 싶고 가보지 못했던 곳을 보고 싶은 거군요. 아, 그저 궁금해서 그런데요, 고객님에게 완벽한 장소를 구하고 꿈을 이루는 데 도움이 될 거예요. 궁극적으로, 여행과 전에 가보지 못한 곳을 보는 것이 왜 중요한가요?"

"뭐, 우리가 항상 꿈꿔 왔던 일이에요. 항상 타히티와 호주와 같은 곳을 자유롭게 갈 수 있길 바랐어요"라고 그들은 답할 것이다.

"굉장해요. 정말 멋진 꿈이에요. 알려주셔서 감사해요. 고객님이 원하는 걸 찾는 데 정말 도움이 될 거예요."

당신이 그들에게 뭘 할 수 있는 설명하는 동안 이제 그들에게 중요한 가치를 피드백하고, 당신이 그들이 원하는 바를 정확히 제공한다는 것을 고객들은 보고 듣고 느낄 수 있다. 이 경우에는 고객의 집 축소로 세 가지 이득을 얻는다.

1. 멋지고 보다 작은 곳에서 더욱 안전한 은퇴 생활

2. 여행을 떠나고 예전에 가볼 수 없던 모든 곳을 구경하기

3. 타히티와 호주와 같은 곳을 자유롭게 다니기

(이 프로세스를 설명하는 것은 늘 약간 제한이 있다. 실제로 잠재

고객으로부터 이러한 정보를 얻은 다음, 판매 중인 제품에 연계된 고객에게 피드백하는 동안 고객의 얼굴이 환하게 빛나는 걸 보면, 정말 놀라운 경험이다.)

내용을 더 진행하기 전에 알려 주고 싶은 몇 가지 요점이 있다. 첫째, 잠재 고객이 자신에게 중요한 것을 말하거나 쓰도록 하는 것이 중요하다. 그 사람들이 표현하지 않으면, 효과가 없다. 추측하지 마라.

둘째, 어떤 해석이나 적극적인 경청을 하지 않고 그들이 말한 것을 정확하게 반복하는 것이 중요하다. 여기서 창의력을 발휘하면 당신은 실망할 것이다. 그들의 말을 정확하게 반복하면 마법이 일어난다.

따라서 그들에게 집을 보여줄 때 그 정보를 이용하려면 그들이 알려준 가치를 중심으로 기본 틀을 구성해야 한다.

"저는 고객분들이 좋은 집이지만 규모를 줄여 가시는 것에 도움을 드린 경험이 좀 있습니다. 고객님께서는 여행을 다니면서 가볼 수 없었던 곳을 구경하는 게 매우 중요한 거 같네요. 고객님은 새롭고 멋진 더 작은 장소와 타히티나 호주와 같은 곳에 자유롭게 갈 수 있기를 바라시네요. 어떤가요?"

20~25명의 고객에게 이렇게 기준 유출을 반복해 보라. 그러면 시장 가치가 높은 데이터베이스 다이아몬드 광산을 발

견하게 될 것이다. 더 중요한 것은, 당신은 고객들의 갈증을 깊이 파고들어 그들이 당신과 비즈니스를 하게 만드는 말이 생겼다는 것이다! 이런 중요한 정보를 수집하기에 다른 이상적인 장소로는 무역 박람회, 쇼핑몰, 온라인 블로그 등이다.

당신이 인터뷰한 사람들 사이에서 반복했던 단어와 그 가치를 찾아보라. 바로 그것들이 세일즈 레터와 마케팅 홍보에서 집중해야 할 가치와 단어다. 그리고 당신은 가능한 한 많은 가치와 단어를 포함하여 네트워크를 넓혀야 한다.

조슈아 샤프런Joshua Shafran
두 번째 잔을 팔기 위해 잠재적 고객의 마음에 하드웨어를 설치하기

조슈아 샤프런은 다이렉트 마케팅 컨설턴트로 지난 4년 동안 고객에게 많은 수익을 내주었기 때문에 '3천만 달러의 사나이'로 알려져 있다. 조슈아는 일찍 테스트의 중요성을 인식하고 수천 번의 마케팅 테스트(A/B 스플릿 테스트, A/B Split Testing)를 실시해 효과가 있는 것과 없는 것을 알아냈다. 이런 테스트의 결과로 그는 다양하고 혁신적인 새로운 온라인 마케팅 방법을 주도하고 개척할 수 있었다.

오늘날 이러한 방법 중 많은 부분이 표준 운영 방법Standard Operating Procedure으로 인정되고 있다. 최근에 조슈아는 전 세계 팬들이 열광하는 주문형 순이익NPOD, Net Profits On Demand으로 알려진 비즈니스 구축 시스템을 만들고 '미스터 엔 포드Mr. Npod'라는 별명이 더 생겼다. 2년도 채 안 돼서 조슈아는 자신의 고유한 NPOD 시스템으로 2,000명을 성공적으로 훈련시켰다 (NPOD 교육 시스템의 가격이 $500인 점을 고려하면 대단한 일이다). www.The2CommaClub.com에서 조슈아에 대해 더 자세히 알 수 있다.

처음 구매하는 고객에게 구매의 마인드 셋을 일어나게 하고 또 실제로 (컴퓨터에 소프트웨어를 설치할 때처럼) 설치하는 방법이 정확하게 무엇인지 말해 보자. 마크 조이너의 위대한 공식중 '그들에게 두 번째 잔을 팔아라'는 이 과정을 통해 당신의 사업 모델과 절차에 컴퓨터 하드웨어처럼 설치될 것이다.

[참고 사항: 이러한 기법은 두 번째 판매를 계획하는 것처럼 첫 번째 영업(첫 번째 잔 판매)을 하도록 돕는다. 이 부분에서 알게 되는 동력으로 두 번째, 세 번째, 네 번째, 다섯 번째(그리고 계속해서) 잔을 판매해서 매달 엄청난 수익을 창출하는 비즈니스 자산을 만들 수 있다. 이것은 아주 작은 고객/문의 리스트로 순조롭게 매달 놀라운 수익을 낼 수 있는 비결이다.]

이 프로세스의 예술과 과학 두 가지 모두를 진정으로 이해하는 기업가와 기업은 거의 없다. (많지는 않고) 일부는 그 방법을 이용하지만, 의도적으로 이용하지 않는 반면, (성공한 기업도 포함해서) 기업들 대다수는 그 힘을 이해하지 못해서 전혀 쓰지 않는다.

자, 모두 당신이 형성하는 관계에 관한 것이다. 사실 더 정확하게는 고객(및 잠재 고객)이 당신과의 관계를 깨닫는 인지된 관계에 관한 것이다. 그것은 진정한 인간 수준에서 데이터베이스와 유대감을 형성하고 가치를 높이 평가하는 고유한 방식과 스타일로 소통하는 것을 의미한다. 이는 모든 고객(및 미래의 고객)이 개인적으로 당신을 알고 있다는 기분을 느끼게 만드는 것이다.

(비록 고객들이 당신을 만난 적이 없고 만날 일도 없을지라도) 당신이 그들의 개인적으로 가까운 친구인 것처럼, 고객들은 자신들이 당신 내면세계의 일부라고 느끼기를 당신은 바랄 것이다. 당신이 이 점을 제대로 이해할 때, 그들은 당신을 평생 알았던 것처럼 느끼기 시작한다(혹은 당신을 알았기를 바란다). 당신은 서로를 또 찾자마자 다시 만날 수 있는 오랜 친구가 되는 것이다.

당신이 만든 이 유대감은 놀랄만한 부, 번영, 자유를 얻는 지렛대로 이용할 수 있기에 가장 강력한 비즈니스 자산이 된다. 당신 비즈니스의 비밀 화폐Secret Currency인 것이다.

이 유대감을 통해 고객, 의뢰인, 잠재 고객과 깊은 관계를 형성해 거의 즉시, 자연스럽게 신뢰로 바뀌게 된다. 일단 사람들이 당신을 신뢰하면 당신에게서 구매할 것이고, 한 번만 구매하지 않을 것이다. 당신은 그 유대감을 깨는 어떤 일도 하지 않는 한 그들은 당신의 제품, 서비스, 아이디어를 계속 구매하고 지지할 것이다. 물론 이 내용은 전부 마크의 '두 번째 잔 팔기'에 해당한다.

종종 간과되는 사실이 있다. 이는 우리가 어떤 일에 대해 생각, 가치 및 의견이 우리와 같다고 생각하는 사람들을 신뢰하는 경향이 있다는 점이다. 여기서 다시 유대감 형성에 관해 이야기하고 있다. 이것이 바로 훌륭한 마케터, 기업, 기업가가 제국을 건설하는 방법이다. 고객 생애 가치LTV, Lifetime Value라고 불리는 다이렉트 마케팅 개념이 있다. 간단히 말해서, 고객이 당신과 비즈니스 관계를 유지하는 동안 지출하게 될 총금액이다. 당신의 고객이 평균적으로 1년에 3번 구매하고 매번 200달러를 지출하며 5년간 관계를 유지한다고 가정해 보자. 이 경우 고객의 LTV는 3,000달러다(모든 신규 고객은 이제 3,000달러의 가치가 있다).

이해가 되는가?

좋다. 그럼 이 부분이 중요하고, 사람들 대부분이 이러한 원칙에 대한 이해를 멈추는 부분이기 때문에 나와 이것에 대해 계속 이야기하자. (한 잔만 더 판매해서) 연간 구매 횟수를 조금 증가시키고 동시에 시간, 비용 또는 노력을 더 들이지 않고도

(초대형 사이즈 잔 판매로) 각 거래의 규모를 늘릴 수 있다면 어떻겠는가?

세 단락 뒤도 돌아가 예를 다시 살펴보자. 연간 평균 구매 횟수를 4회로 늘리고 구매액을 200달러에서 250달러로 늘릴 수 있다고 가정해 보자. 이제 같은 5년 동안 해당 고객의 가치는 3,000달러가 아니라 5,000달러가 된다. 같은 고객이 거의 두 배의 가치가 됐다.

모든 데이터베이스에는 기업/개인한테서 계속 구매할 사람들에 대한 부분이 (보통 상당히 작은 퍼센트로) 있다. 다이렉트 마케팅 용어로는 이러한 사람들을 '신속 반응자Hyperresponsives, '정상적인 범위를 넘어선 반응을 하는', '과도한 반응을 하는' 의미이나 여기서는 신속 반응 의미로 의역함'라고 부르는데, 이러한 고객은 당신이 파는 것을 전부 원하는 소중한 고객이다. 일반적으로 아무것도 하지 않으면 데이터베이스의 4~5퍼센트가 자동으로 신속 반응 범주로 나뉜다. 하지만 자연스럽게 나뉘는 그 퍼센트를 크게 늘리는 방법이 있다. 20~30퍼센트 수준까지 올릴 수 있었고, 신속 반응자 비율이 50퍼센트에 달하는 마케터들을 안다.

어떻게? 데이터베이스로 맺은 유대 관계를 통해서다. 믿거나 말거나, 신속 반응을 보이는 구매자를 형성하는 이러한 유대 관계를 적절하게 구축하는 방법을 알고 있다면, 부를 쌓는

데 수십만 명의 신규 고객을 끌어들이지 않아도 된다. 이제 이 유대감을 활용하는 비법으로 바로 넘어가 보자.

그들에게 호의를 사고 유혹하고 애타게 하라
하지만 첫 데이트를 하기 전에는 프로포즈하지 마라

누군가가 당신의 사랑을 얻으려고 애를 쓴 적이 있는가? 당신이 누군가의 사랑을 얻으려고 애를 태운 적은? 누군가에게 뭔가를 팔거나 유대를 맺는 과정도 로맨스와 닮아 있다. 여기에는 신뢰가 존재하도록 관계를 구축하는 것이 수반되며, 그런 다음 잠재 고객은 (신뢰할 수 있는 친구로부터 같은 제안이 받지 못하면 자동으로 등을 돌리는 것처럼 그렇게 하지 않고) 오랫동안 하던 일을 멈추고 당신의 거절할 수 없는 제안을 들으려고 한다. 그들이 완전히 열린 마음으로 관심을 기울이면, 당신이 어떤 아이디어를 내든 구매하거나 믿거나 주식을 살 가능성이 훨씬 더 크다. 이것이 세일즈 레터, 무료 보고서, 텔레비전 광고, 인포머셜, 라디오 인터뷰, 신문 광고, 제품 자체, 웹사이트, 무료 교육 과정, 인터넷 잡지E-Zines 또는 기타 체계화된 커뮤니케이션 매체/방식의 역할이다.

당신이 판매하는 것이 특정 아이디어를 판매할 수도 있고,

고객이 데이터베이스 일부가 되기를 원하는 이유를 영업하거나 제품이나 서비스에 대한 직접적인 제안을 할 수도 있다. 그게 무엇이든 당신은 뭔가를 팔고 있다. 영업기술Salesmanship을 강화하고 체계화하는 것, 그것이 바로 정말 훌륭한 마케팅이다. 당신의 마케팅은 세계 최고의 영업 사원들이 나서서 당신을 위해 관계를 구축하고 유대감을 형성하며 판매하는 것이다.

이제 주류적 사고와 달리 깜찍한 슬로건, 봉제 인형, 꼭두각시 인형, 치와와 또는 기타 재미있는 일들은 체계화된 영업기술로는 되지 않는다! 이 모든 건 사춘기 소년이 전에 한 번도 만난 적이 없는 멋진 여성에게 바로 다가가서 "내 차로 가시죠"라고 말하는 것과 다름없으며, 이는 바라는 결과를 얻지 못할 가능성이 크다.

예를 하나 더 들어 보겠다. 누군가와 첫 데이트를 하러 간다고 가정해 보자. 데이트 상대를 차로 데려다주면서 바로 그 사람에게 청혼하지는 않을 것이다. 절박하게 매달리면 아무도 매력을 못 느낀다. 가끔 이런 접근 방식이 효과가 있을 수는 있지만, 성공 확률이 높은 방법은 아니다.

알겠는가? 이것은 로맨스와 같다. 서두르면 안 된다. 관계를 형성해서 사람들이 당신에게 오게 해야 한다. 그들이 당신에게 다가오게끔 하고… 그들을 애타게 하며… 대수롭지 않은 척해서 그들을 붙잡아야 한다. 관계를 형성하라. 유대감을 만들고 신뢰를 얻어라. 당신과 비즈니스를 해야 하는 타당한 이유를 제시해야 한다. 그것이 바로 로맨스다.

그 비결은 유혹의 기술과 비슷하다. 자동화된 기술을 적절히 사용해 그들과 유대감을 형성하라. 자동화된 방식으로 관계를 구축해, 당신은 잠재 고객을 알고 잠재 고객은 당신을 믿어도 될 만큼 충분히 안심하면, 그 신뢰는 당신이 제안하는 게 무엇이든 구매로 이어진다. 이런 과정을 생략하고 동일한 결과를 얻을 거라고 기대해서는 안 된다.

'내'가 '당신'에게

이 개념은 무시해도 될 만큼 간단하다. 실제 한 사람으로서 고객과 일대일로 직접 이야기한다는 의미다. '내'가 '당신'에게 Me-To-You는 거창한 말이 아니라 당신이 평소 하던 대로 말하라는 의미다. 자연스럽게 행동하라. 친근한 친구처럼 그들과 대화하라. 친구와 앉아서 수다를 떠는 것처럼 직접 대화 방식으로 이야기하라.

"당신에게 소개할 수 있어 영광이야"로 시작하지 마라. 따분하다!

이미 당신은 사람들을 놓쳤고 그들은 되돌아오지 않을 것이다. 대신 이렇게 접근해 봐라. "내가 너한테 믿을 만한 정보를 알려줄게. 무슨 일인지 말해줄게."

당신이 작업 중인 타깃 틈새시장에 적절한 속어를 쓰는 것을 두려워하지 마라. 당신은 사람들이 보통 친구들과 말하는 식으로 그들의 언어로 말하고 싶다. 그것이 유대감이다.

사람들이 어떤 식으로 말하든, 의사소통할 때 그 사람들 언어를 이용하라. 당신은 그 사람들과 이야기하고 싶다. 그것이 일대일, 나와 당신의 유대다.

따분하고 매출도 못 올리는 마케팅을 하는 사람들이 빠지는 가장 큰 함정 중 하나는 '모든 것을 말해서 모두에게 팔아야 하고 모든 이들에게 호소해야 한다고 생각한다는 것'이다. 그래서 진정한 의미나 영업 포인트도 없이 광범위하게 말하면서 모든 사람에게 호소하려고 해서 메시지를 약화시킨다. 단둘이서 개인적이고 은밀한 대화를 하는 것이다. 자, 당신은 사람들이 당신과 유대감을 형성하고 기업이 아닌 한 사람으로서 교감하길 원한다. 이 함정에서 벗어나는 방법은 마음속으로 이상적인 잠재 고객인 한 사람을 선택하고, 그 한 사람에게 직접 말하는 척하는 것이다.

'고객 서비스 담당 직원' 또는 '고객 서비스 담당 부서'가 계약한 마케팅을 (나는 그것을 마케팅이라고 부르지도 않는다) 말할 수 없을 정도로 많이 봤다. 그것은 정말 형편없다! 기업들 대부분이 커뮤니케이션에서 무의식적으로 하는 것처럼, 당신은 낮은 지위의 사람들을 빛나게 하는 거대하고 정체불명이며 전문적인 회사처럼 말함으로써 고객이나 잠재 고객이 소외감을 느끼도록 하고 싶지는 않을 것이다. 실제 한 사람으로서 커뮤니케이션해야 한다. 그래서 고객/잠재 고객은 이미 머릿속으로 만들어 놓은 당신의 이미지와 연관되는 이름을 갖게 된다.

당신이 이 페이지에서 나와 함께 보내는 시간처럼, '내'가 '당신'에게 방식으로 직접 당신에게 진심으로 말하려고 온힘을 다하고 있다. 당신은 내가 대학 강의처럼 여기서 지루한 이론을 가르치는 건 원치 않을 것이다. 당신은 새로운 소식을 알고 싶다. 나에게 자세히 솔직하게 이야기해달라. 사정을 봐주지도 말고, 입에 말린 말도 하지 마라. 그냥 핵심만 이야기하자면 실제 한 사람으로서 나한테 이야기하라. 그것이 바로 여기서 우리가 함께하는 것이다.

자, 내가 여기에서 당신과 좋은 유대감을 형성하고 '샤프맨식ShafMan Way'으로 내가 할 수 있는 모든 것을 당신에게 준다면, 당신이 나와 함께 느낄 수 있는 연대감에 더해, 바라건대 당신은 내 제품이나 서비스 중 하나를 구매해 앞으로 나와 거래하고 싶어 할 것이다. 분명히, 내 스타일과 잘 맞고 가치 있다고 느끼면 더 많이 구매할 것이다. 그 모든 것은 여기서 우리가 맺기 시작한 관계 때문이다.

이것이 고객 및 잠재 고객과 커뮤니케이션에서 당신이 원하는 것이다. 그렇다, 당신은 데이터베이스에 엄청난 수의 사람들을 원하지만, 모든 사람과 커뮤니케이션하려는 함정에 절대 빠지지 마라. 내가 수천 명, 수만 명, 수백만 명의 당신들과 이야기하는 것이 아니다. 각각의 잠재 고객이 당신과 일대일로 직접 이야기한다는 느낌을 받아야 한다.

이것이 메일 발송이 운이 좋으면 몇 퍼센트의 응답률로 끌어들이는 주류 기업 결과와는 매우 다른 신속 반응**Hyperresponsive**하는 응답률을 이끄는 열쇠다. 그 기업들은 마케팅이 효과가 없다고 말한다(어떤 의미에서는 그들 말이 옳다. 그들의 마케팅은 확실히 효과가 없다). 유대감을 형성하면, 당신의 데이터베이스에 있는 100명 중 10명, 15명, 심지어 30명이 실제로 반응하고 구매해 성공을 거둘 수 있다. 그것이 차이점이다. 그것이 관계고 신뢰며 친밀한 사이다. 나와 당신의 관계고 당신과 나의 관계다. 사람 대 사람, 친구 대 친구로 일대일의 관계다.

열정을 충족시키고 안달 나게 하라

중독자의 마음에 불을 지펴라

마크는 목마른 사람들 찾기로 부르고, 나는 이를 중독자 Oholic 시장 틈새 공략이라고 부른다. 정확히 같은 것이다. 핵심은 어떤 대상에 대해 내가 '중독자'라고 말할 수 있는 사람들을 충분히 많이 찾는 것이다. 즉, 그들은 특정 대상에 대해 중독되어 있기 때문에 열정적이고 비합리적이며 거의 만족할 줄 모른다. 천 마디 말보다 한 번 보는 게 더 낫다. 안타깝게도, 내가 여기서 말하고자 하는 핵심을 전달하는 사진이 없다. 그러므로 대신 몇 가지 예를 들어보겠다.

- 골퍼들은 골프에 미쳐있고, 그 중독을 충족시키기 위해 많은 돈을 쓸 것이다(대체로, 골프 애호가들은 자신들의 비합리적인 욕구를 충족시키는 돈이 있다).

 ※ NASCAR(National Association Of Stock Car Auto Racing, 전미 스톡 자동차 경주 협회) 애호가들은 매우 열정적이다.

- 출산을 앞둔 예비 부모는 지구상에서 가장 미친 사람들 중 일부다(나도 그때 누군가가 나에게 필요하다고 말한 거의 전부를 샀다).

- 홈 비즈니스Home-Based Business, 홈 비즈니스 구직자들은 기업가가 되고 그들이 꿈꾸는 자유를 성취하는 데 매우 열정적이다(그런데 아직 이해하지 못했다면, 나는 재택 비즈니스 중독자다).

- 다단계 마케터들Multilevel Marketers,MLMers은 미친 듯이 열정적인 사람들이다.

- 체중 감량을 하려는 사람들(홍보물을 사실로 믿고 싶었기 때문에 가장 터무니없는 일부 콘셉트와 아이디어를 구매했다).

- 요리를 배우고 싶은 사람들

- 심리 상담 핫라인에 전화하는 사람들

- 주식 단기 투자자들

- 성인비디오Girls Gone Wild 구매자들

알겠는가? 그 목록은 계속 이어진다. 사실, 우리는 모두 다양한 삶의 영역에서 우리가 '중독'되는 다양한 대상이 있다. 여기서 내가 말하고자 하는 바는 올바른 '중독 집단'을 선택한 후 그 대상에 대한 그들의 열정과 광기를 불러일으켜야 한다는 것이다. 감정에 호소하고, 그 사람들을 자극하라.

당신이 올바른 '중독자' 집단을 목표로 삼았다면, 그들이 특정한 열정, 특정한 경향, 특정한 사고방식을 갖고 있다는 것을 알 것이고, 이는 유대감 형성 과정에서 매우 중요하다.

당신이 목표로 하는 시장의 이러한 점들을 알면 유대감을 형성할 수 있다. '그들의 언어를 말하는 것'이다. 만약 그들의 언어를 모르고, 그 틈새에서 비즈니스 구축 성공에 진지하다면, 빨리 배우는 것이 좋다. 왜냐하면 학교에서 그룹 내 일원이 되는 것과 마찬가지로, 그 그룹에 소속되지 않는다면 그룹 내 사람에게 바로 외면당할 것이기 때문이다.

내 나이가 드러나겠지만, 배우 리처드 프라이어와 진 와일더가 나오는 영화 〈폭소 감방Stir Crazy, 1980년 코미디 범죄 영화〉을 본적이 있는가? 그들은 결국 중범죄자들과 함께 교도소에 가게된다. 살인범들과 함께 감방으로 들어가면서 신체검사를 할때, 그들은 엉뚱한 말을 하면서 "맞아, 우리 나쁜 ○○야"라고 말하면서 살인범들처럼 보이려고 온힘을 다한다. 시장에서 말을 할 때 눈에 띄고 싶지 않을 것이다. 〈폭소 감방〉의 살인범들처럼, 당신의 '중독자' 집단은 당신의 행동을 꿰뚫어 볼 것이고 당신은 실패할 것이다.

멤버십과 사교 클럽의 결속력

유대감을 빠르게 형성하려면 잠재 고객 및 고객과 공통점을 만들어야 한다. 그들에게 잔소리하거나 깔보는 투로 말해서는 안 된다. 앞서 이야기했듯이 일대일로 대화를 하는 것이다. 개성 있고 무미건조하지 않은 방식으로 한다. 공통점이 생기는 방식으로 말이다.

왜 남학생 클럽과 여학생 클럽이 그렇게 인기가 많고, 그토록 클럽 회원이 되고자 하는가? 클럽 회원일 때, 그 그룹에 속하기 때문이다. 바로 인정받은 것이다. 당신은 다른 사람들이 모르는 것을 알고 있으며, 집단의 일원이기 때문에 당신을 바로 이해하는 친구가 있다.

당신은 잠재 고객, 고객, 친구와 공통점이 있는 환경을 만들고 싶다. 그 사람들이 당신의 남학생 클럽이나 여학생 클럽에 가입한다(클럽에 가입하려고 나체로 '징글 벨'과 '나는 작은 주전자 I'm A Little Teapot'를 노래하며 캠퍼스를 누비지 않아도 될 것이다).

어쨌든 그렇다. 여기서 당신이 반드시 이해해야 하는 중요한 차이점이 있다. 당신이 그들이 갔으면 하는 곳으로 데려가기 전에, 당신이 먼저 그들이 있는 곳에서 그들을 만나야 한다. 그러므로 그들을 만나는 공통점은 당신의 것이 아니라 그들의 것이다. 그들이 있는 곳에서 만나는 것이 유대감 형성의 지름길이다. 그들 수준에 맞게 이야기하고 당신에게 가르쳐 줄 기회가 생긴다. 최면술에서는 페이싱Pacing 및 속도 올리기 Picking Up The Pace라고 한다. 그들과 어울리면서 같은 방향과 속도로 걷는다. 그런 다음 방향을 약간 바꿔 속도를 높이거나 속도를 늦출 기회가 생긴다. 이와 같은 상관관계를 알겠는가? 당신이 원하는 곳으로 데려가기 위해서는 먼저 그들이 있는 곳에서 만나야 한다.

거기서 유대감이 생기고 관계가 형성된다. 매우 빨리 일어날 수도, 시간이 걸릴 수도 있다. 개인에 따라 다르다. 일반적으로 말해서, 모든 사람과 바로 유대감을 형성하는 방법이 있지만, 그것은 그 개인에게 당신 자신을 맞추는 것이 수반된다. 만약 사람들과 직접 대화를 하면 성격 유형을 알게 될 것이고, 그러면 유대감을 형성하는 방법을 바로 알아낼 수 있다. 사람들이 있는 곳에서 그들을 만나고, 그들 수준에 맞게 이야기를 하면 편안함을 느낄 수 있다. 당신이 그들과 비슷한 순간에, 그들은 당신이 자신들의 말을 듣고 있다고 느끼고 그들과 비슷하기에, 당신은 현명해야 하고 무슨 말을 하는지 알아야 한다. 그렇지 않으면 그 사람들이 현명하지 않다는 것을 스스로 인정하는 것이기 때문이다.

당신이 효과적으로 행동한다면 그 사람들은 자신들과 같은 당신을 좋아할 것이고 자연스럽게 관계가 생긴다. 인쇄물, 시스템 등 자동화된 방식으로 하면 문제가 발생한다. 유대감 형성에 시간이 걸리기 때문이다. 성격 유형이 모두 다르므로 다양한 부류의 사람들이 있고, 그 사람들과 함께 앉아 있지 않기 때문에 개인에 맞춰서 소통할 수 없다.

그러나 그들과의 대화를 흉내 낼 방법이 있다. 먼저 '자기 자신과 대화하는 것'이다. 잠재 고객이 어떤 생각을 할지, 무슨 질문을 할지, 그들이 당신과 직접 만났을 때 어떤 반대 의견을 낼지 생각해 보라. 그 대화를 종이에 적어라. 쓰는 걸 좋아하지 않거나 쓸 수 없다고 생각하는 사람들에게는 손쉬운 방법이 있다. 녹음기에 대고 말한 다음 그 내용을 옮겨 적으면 된다. 정말 간단하다. 나는 늘 그렇게 했다. 사실, 지금 당신이 읽고 있는 내용은 나의 편리한 디지털 녹음기에 먼저 기록됐다. 운전하는 동안 공유하고 싶은 아이디어가 떠올랐다. 그래서 작은 녹음기를 들고 마치 당신과 얼굴을 마주 보고 대화하는 것처럼 말했다.

그런 다음 옮겨 적었다. 이제 다시 살펴보면서 편집하고 내용을 다듬으면서 생각을 덧붙였다. 어렵거나 오래 걸리지 않는다. 그래서 잠재 고객 앞에 앉을 여유가 없을 때, 온힘을 다해야 하고 오랜 시간에 걸쳐 유대감을 형성해야 한다. 그래서 바로 구매하는 사람들도 있고, 구매 전에 시간이 10배 걸리는 사람도 있는 것이다. 대중을 위한 시스템을 구축하고 있기에 자동화된 방식으로 관계 구축을 하려면 지속적인 노력이 필요하다. 하지만 다행히도 일단 이런 시스템이 마련되면, 다시는 손볼 필요가 없다는 것이다. 당신이 잠을 자거나, 휴가를 보내거나, 다음 프로젝트를 하는 동안 계속해서 작동하고 유대감과 판매 활동을 이어간다!

이러한 자동화 시스템을 마련할 때 자주 간과되는 또 다른 이점은 당신은 직접 말할 때 개인에게는 바로 맞출 수 있지만, 많은 사람과 이야기할 수 없을 때다. 당신은 얼굴을 직접 마주하고 프레젠테이션을 할 수 있는 인원에는 한계가 있다. 하루, 일주일, 한 달, 일 년에 몇몇 사람들하고만 이야기할 수 있다. 자동화 시스템을 통해 1년 동안 직접 만나는 사람보다 하루에 더 많은 사람을 만날 수 있게 된다. 그래서 당신은 장기적인 효과를 위해 즉각적인 유대감 형성 능력을 포기하게 된다. 자동화 시스템이 수작업과 육체적인 작업을 해야 하는 직접 대면 방식보다 훨씬 뛰어나다는 것을 알게 될 것이다.

사람들은 가질 수 없는 것을 원한다

몇몇은 '사람들이 줄을 서서 당신의 네트워크에 가입하기를 간청하게 하는 방법How To Make People In Line And Beg To Join Your Network' 이라는 내 교육 매뉴얼을 읽었을지도 모른다. 이것은 상황을 역전시키고 잠재 고객이 당신에게 오게 하는 '태도의 힘Posture

Power'에 관한 것이다.

이것은 인간의 기본적인 심리적 측면에서 작용하는 것으로, 사람들은 가질 수 없는 것을 원한다는 것이다. 특히 미국에서 사람들은 자신이 가질 수 없는 것들 좋아한다. 어떤 이유에선지 그리고 그것이 뭔지 모르지만, 당신은 누군가에게 무엇을 할 수 없다고 말하고, 갑자기 그들은 당신이 틀렸다는 것을 증명해야 한다. 이 점을 이용하라.

흥미로운 역학관계로, 신중하게 이용해야 한다. 눈에 띄게 할 수 없다. '사람들이 당신에게 틀렸다는 것을 증명하도록 뭔가를 미묘한 방식'으로 말해야 한다. 예를 들어 "난 당신에게 아무것도 약속할 수 없어요"라고 하는 것이다. 잠재 고객은 마음속으로 이 말을 이렇게 해석한다. "나에게 세상에서 가장 멋진 물건들이 있지만, 당신을 도울 수 있다고 약속할 수는 없어요. 전화 주시면 당신에게 연락드리겠지만, 이번 달에 3,762명을 살펴야 해서 조금만 참아주세요." 그것은 당신이 매우 인기가 많고, 그 사람들을 원하는지 확신할 수 없다는 미묘한 표현 방식이다. 갑자기 당신은 만나기 힘든 사람이고, 그들은 당신을 알게 돼서 운이 좋은 것이며, 당신이 그들을 거절한다는 생각은 받아들일 수 없다.

이 개념은 우리가 모두 현재 가지고 있는 것에 싫증을 느낀다는 것이다. 진부한 것이 돼서 우리는 자연스럽게 더 크고 더 좋은 것을 원한다. 현재에 만족하지 못해서 이루고자 하는 다 목표는 무엇인가?

당신은 늘 특정한 차를 원해왔거나, 특정한 지역에 살거나, 새로운 직업을 가지기를 원했다고 가정해 보자. 이보다 더 중요한 것은 없다. 그것에 집중했다. 그리고 마침내 당신은 성취한다. 한동안은 정말 기분이 좋다. 하지만 곧 그 특정 상황에 대해 싫증이 날 것이다. 흥미가 떨어졌다. 이런 현상은 사람들이 가질 수 없는 것을 원한다는 개념과 아주 비슷하다. 사람들은 자신이 가진 것에 싫증을 내고, 그들이 가지지 못한 것에 대해 염원하기 시작해서 가질 수 없는 것으로 돌아가기를 되풀이한다. 그것은 경제를 돌아가게 하는 만족할 줄 모르는 욕구다.

누가 그런 말을 했는지는 잊었지만, 아마도 수상 경력이 있는 경제학자 폴 제인 필스너Paul Zane Pilsner가 이 원칙에 관해 이야기한 것 같다. 그는 자동차를 예로 들었다. 본래 자동차 제조사들은 오래 쓸 수 있고 품질이 더 좋은 자동차를 만들면 10년에서 20년이 지나면 사람들이 더는 차를 사지 않아서 결국 폐업하게 되리라 생각했다. 그러나 사실은 전혀 그렇지 않았다. 그들은 우리 모두에게 내재한 인간의 욕망은 항상 더 많은 것을 원한다는 것임을 알아냈다.

우리는 어느 정도 수준에 도달하면, 더는 그 수준에 만족하지 않는다. 더 많이 원하고 다른 것을 원하며 새로운 것을 원하고 흥분을 원한다. 계속 변하고 싶어 한다. 생각해 보면 사람들이 친구들에게 질리는 이유이기도 하다. 계속 활기가 넘치는 것이 아니기에 바꾼다.

자동차, 집, 직업, 보트, 전자제품, 생각할 수 있는 모든 것에도 똑같이 일어난다. 일단 흥분과 새로움이 사라지면, 우리는 더 크고 더 좋은 다음 모델을 바란다.

당신의 삶을 생각해 보라. 나도 그랬다. 스무 살이 됐을 때, 신형 포드 익스플로러Ford Explorer를 원했다. 그 자동차를 가장 가지고 싶어 했다. 마침내 가지게 됐을 때, 너무나 행복했다. 기쁨, 흥분과 열정은 2~3년간 유지됐다. 그러고 나서 다른 자동차들을 보고 들떴기 때문에 그 차에 싫증이 나기 시작했고, "신형 차가 필요해. 더 좋은 차가 필요해"라고 스스로 말하고 있었다. 렉서스를 샀을 때, 또 똑같은 과정을 거쳤다. 렉서스는 훌륭한 고급 자동차이지만, 렉서스 외에도 튼튼하고 해변에서도 즐길 수 있는 자동차가 '필요했다.' 그래서 주말 여가용 빨간 지프를 샀다. 이 글을 쓰고 있는 현재, 신형 바이퍼Viper에 눈독 들이고 있다 (즉, 나를 완성하는데 그것이 '필요하다.' 호화로움을 뽐내기 위해 렉서스를, 여가용으로는 지프를 샀다. 이제 스

피드와 스포츠를 위해 바이퍼를 원한다). 당신이 이 글을 읽을 때쯤, 어쩌면 그 차를 샀을 것이고, 어쩌면 싫증을 내기 시작할지도 모른다(싫증 날 일 없다고 생각했지만, 익스플로러도, 렉서스도, 지프도 그랬다).

그래서 말하고자 하는 요점이 뭘까? 과시가 아니다. 내가 방금 예로 든 행동은 지구상 모든 인간이 열광하는 대상과 관련해 다양하게 내재해 있다는 점을 지적하는 것으로, 다음 자기 계발서, 소설, 집, 반려동물, 애완견에게 가르치는 묘기, 정원 보수, 아기를 낳는 것 등이 될 수 있다. 그것은 인간의 본성이고 우리 모두의 내면에 있는 것으로, 현명한 기업가는 그 점을 유리하게 이용할 줄 안다.

사람의 타고난 욕망은 정말 만족할 줄 모르고 점점 커진다. 점점 더 큰 것에 대한 '중독자' 구매자들의 만족할 줄 모르는 욕구를 충족시킴으로써, 당신은 그들이 원하는 것을 정확히 제공해서 그들을 행복하게 만드는 동시에 당신이 '중독된' 물건을 더 많이 더 크게 계속 살 수 있다. 당신이 원하는 부를 창출해 당신의 만족할 줄 모르는 욕구와 갈망을 충족시키는 동시에 그 과정에서 고객의 욕구와 갈망도 충족시킬 수 있다. 모두가 이득인 것이다.

이 핵심 개념이 앞서 논의한 신속 반응 상황을 가능하게 한다. 이 기본적인 인간 본성 원칙을 이용하고 활용하면, 고객이 더 자주 구매하고 거래할 때마다 더 많이 지출하도록 해서 모든 고객 생애 가치를 높일 수 있는 환경이 만들어진다. 당신은 당신의 고객들에게 동시에 서비스를 제공한다. 그들은 자신이 만족할 줄 모른다는 것을 깨닫는다. 그들은 계속해서 더 많은 것을 원하고 관심 있는 분야에서 더 많은 것을 갈망할 것이다.

어떻게든 그 욕구를 충족시킬 것이다. 만약 당신이 그 욕구를 충족시키지 못한다면, 그들은 가려운 곳을 긁기 위해 다른 곳으로 갈 것이다.(그냥 골프광에게 물어보라. 그들은 도움이 된다고 생각하는 모든 것을 계속해서 누구에게서든 구매할 것이다. 그러나 당신에게 답이 없으면, 다른 곳에 가서 답을 찾을 것이다.)

그러기에 다음에 그들에게 가려운 곳이 생기면 제일 먼저 만족시켜주는 사람들이 당신이라는 점을 확실히 해야 한다. 당신은 그 결과 계속 번창하게 된다. 만약 예를 들어, 그들이 당신에게 유대감을 느끼는데 가려운 증세가 있고 마침 당신에게 그 증상에 맞는 치료제가 있다는 점을 상기시킨다면, 그들은 스스로 당신과 함께 다음 단계로 업그레이드하려고 할 것이다. 이는 확실히 매우 강력한 개념이다.

남의 떡이 더 커 보인다

남의 떡이 커 보이고 사촌이 땅을 사면 배가 아프다. 사람들 대부분은 가질 수 없는 것을 원하는 경향이 있고, 이미 무언가를 가지고 있다면 어떤 이유에서인지 그것이 정말 그렇게 좋은 게 아니라고 가정한다. 불행히도 (또는 어떻게 생각하면 다행스럽게도), 우리는 가질 수 없는 것을 원하고 가진 것에 만족하지 않는 사람들이다.

계속 불안한 상태에 있는 것이 인간 본성이다. (개인적으로 현재의 자리에서 행복한 것도 있지만, 항상 더 많은 것을 열망하고 계속해서 성장하며 목표 달성을 향해 나아가고 계속 활기를 띠며 삶과 그것의 선물에 집중하고 늘 열정적인 태도를 지니는 것이 비결이라고 생각한다!) 아, 방금 내가 당신과 직접 개인적인 유대감을 형성한 것을 눈치챘는가?

가지고 있는 것에 만족하면 당연히 마음이 편해진다. 하지만 재미난 점은, 당신이 정말로 현재의 자리에 행복할 때, 헛된 소망이 이루어지지 않을 때 낙담하는 대신 더 노력하고 그 꿈들이 실현되는 것을 볼 수 있는 문이 열린다는 것이다. 자, 지금 이 순간에 만족하지 않을 때, 당신은 부정적이고 절망적인 마음일 것이다. 일반적으로 사람의 판단이 자신이 원하는 것에 관한 생각으로 결정을 내리는 대신 (현재 상황의 고통을 피하는) 두려움에 의해 통제된다는 것을 뜻한다.

그래서 남의 떡이 더 커 보이는 신드롬은 적절하게 이용하면 좋다. 이는 당신이 계속 성장하고 행동하게 만든다. 당신은 늘 더 많이 성취할 수 있고, 더 높은 곳에 도달할 수 있다. 하지만 동시에 여유도 가져라. 현재 상황을 즐기지 않는다면 돈 버는 것이 무슨 소용이겠는가? 무의미하다. 돈이 많은 걸 해결한다는 걸 알게 되지만 행복을 만드는 건 돈이 아니라 인간 내면이다.

많은 사람이 돈 생각을 하고 "얼마의 돈을 벌면 행복할 거야"라고 말한다. 문제는 돈, 소유물, 지위, 인간관계 등이 당신을 행복하게 할 수 없다는 것이다. 그 모든 것은 당신 자신의 외면이지만, 행복은 내면에서 비롯된다.

당신은 이렇게 말하면서 나와 언쟁을 할 것이다. "네, 그래요, 예전에도 들었던 말이에요. 안 믿어요. 조슈아, 당신은 그런 말 하기 쉽겠죠. 이미 부자니까요."

뭐, 이렇게 말할 것이다. 당신에게 얼마간의 돈이 생기자마자 매우 신날 것이고 내가 말하는 것을 직접 경험하게 될 거라고. 그 높은 곳에서 내려와 이것이 정말 대단했다는 것을 깨닫는 데 2년이 걸렸고, 그것을 즐겼지만 이제 더 내 맘을 움직이지 못한다. 이제 내 정신과 인격을 채우는 일과 내 마음을 들뜨게 하는 프로젝트를 하고 싶다. 요즘 나를 움직이는 건 돈이 아니라 그런 일들이다. (상당한) 돈이 들어오지만, 그것은 마음가짐의 부산물이지 그 자체가 목적은 아니다. 돈을 벌면 당신의 태도에 따라 모든 것을 할 수 있고 내면의 대화도 이뤄진다. 이에 대해 잠깐 언급하자면, 당신이 그 주제에 대해 읽고 잘 이해할 수 있는 훌륭한 책이 몇 권 있다. 가장 추천하고 싶은 책은 고전인 나폴레옹 힐Napoleon Hill, 미국의 성공학 연구자의 《생각하라 그러면 부자가 되리라Think And Grow Rich》이다. 정말 대단한 책이다! 또한, 맥스웰 몰츠Maxwell Maltz, 미국 성형외과 의사의 《성공의 법칙Psycho Cybernetics》도 추천한다. 이 두 권의 책은 당신을 올바른 방향으로 인도한다. 그래서 NPOD를 이루고 부를 창출하기 시작할 때 내면도 그것을 지킬 수 있는 힘이 있으므로 모든 것을 잃지 않는다.

자기 의견을 내세워라…대담해져라… 솔직하게 말하라… 당신 방식대로 하라… 사람들이 당신을 개인적으로 알게 하라 하지만 절대 따분한 사람은 되지 마라

유대감을 형성하고 데이터베이스에 신속 반응을 구축할 때 논의할 다음 항목은 자신의 의견을 내세우는 것이다. 그렇다,

당신은 눈에 띄기를 원한다. 사람들 관심을 끌기 위해 예상치 못했던 한방이 필요하다. 그래야 그들에게 실제로 무언가를 보여줄 기회가 생긴다. 관심을 끌기 위해 충격 요법으로 의견을 내세우는 것 외에도 고객과 유대감 형성하는 수단으로 활용하고 싶을 것이다. 사람들은 특정한 주제에 대해 자신의 생각을 말하는 사람들을 좋아하거나 싫어하는 경향이 있다. 당신은 좋아하든 싫어하든 상관하지 않아야 한다. 만약 사람들이 당신을 좋아한다면 당신이 하는 모든 말에 귀 기울이고 동의할 것이고, 그렇게 관계의 유대감은 깊어질 것이다. 만약 당신을 싫어한다면, 당신을 떠나기로 할 것이고, 어쨌든 사람들은 당신한테서 사지 않을 것이기에 정확히 당신이 바라는 것이다. (당신은 투덜거리는 사람들에게 마케팅하지 않기 때문에 당신을 좋아하지 않는 그들을 잊는 것이 좋다. 당신한테서 제품이나 서비스를 구매할 사람들을 상대로 마케팅 중이다. 당신이 상대하는 사람들은 그 사람들이지 반대편 이들이 아니다.)

그러니 생각을 밝히고, 마음에서 우러나오는 의견을 솔직하게 말하라. 당신의 의견에 대해 사과하지 마라. 대담해져라. 사람들 대부분은 삶이 더 재미있고 자기 생각을 말할 배짱이 있었으면 한다. 그 사람들이 자신의 감정을 말할 용기가 있는 사람을 만나면 당신이 그들의 영웅이 되고, 챔피언이 된다.

그들은 당신처럼 되길 바란다. 당신이 관심을 가지는 주제에 대해 누군가 큰 소리를 말하는 것을 듣고 있으면 왠지 재미있고 신이 나며 고개를 끄덕이게 되고, 이렇게 더 깊은 유대감으로 이어진다. 당신이 자신의 의견을 내세우는 사람들을 좋아하든 싫어하든, 그들의 말에 귀 기울이게 된다.

대표적인 사람이 하워드 스턴Howard Stern, 미국 방송 진행자이다. 당신은 그가 마음에 들거나 혹은 그 반대일 것이다. 놀라운 이야기를 알려줄까? 사람들이 그의 방송 청취 시간과 이유를 연구했다. 그를 좋아하는 사람들의 평균 청취 시간은 한 시간이었고, 듣는 이유를 물었을 때 '그가 다음에 무슨 말을 할지 알기 위해서'가 가장 흔한 대답이었다. 스턴을 싫어하는 사람들이 평균 3시간 정도 듣는데, 이유를 물었을 때 가장 흔한 대답도 '그가 다음에 무슨 말을 할지 알기 위해서'였다.

이상하지 않은가?

무슨 의미인지 생각해 보라. 그를 싫어하는 사람들이 그를 좋아하는 사람보다 청취 시간이 3배 더 길다. 스턴의 독단적인 방식이 큰 영향을 미친 것이다. 그가 시청률에 따라 돈을 받는다는 점과 시청률은 청취자 수와 청취 시간에 따라 결정된다는 것을 생각해 보라. 그가 더 많은 사람을 끌어모을수록, 광고주들에게 더 많은 돈을 청구할 수 있으며 이것이 그의 성공을 이끄는 원동력이다. 그를 싫어하는 사람들이 실제로는 그를 부자로 만들고 있다는 것이 흥미롭지 않은가. 그 외에도 스턴은 매우 독단적이고 논란거리가 많다. 독단적으로 굴면 그 효과는 매우 놀랍다. 사람들은 그렇게 노골적으로 말하고, 솔직하며, 직설적으로 말할 수 있기를 바란다. 자신들의 인생에서 그런 신선함을 간절히 바라기 때문이다.

하워드 스턴 흉내를 내라는 말이 아니다. 그가 자신의 성공을 위해 이용한 개념을 받아들이라는 것이다. 그가 좋든 싫든, 그가 직관력 있는 마케터라는 점을 이해하고 존중해야 한다. 그는 대중이 원하는 것을 안다. 그는 라디오에서 우리와 똑같은 말을 한다. 그는 사람들과 일대일로 이야기한다. 그가 당신의 친구처럼 느껴진다.

세상은 지도력과 지시를 바라는 사람들로 가득 차 있다. 사람들은 무엇을 해야 하는지 듣고 싶어 한다. 당신은 자신만의 방식으로 논쟁이 일어나길 바라고, 자신의 의견을 내세우고 싶어 한다. 하지만 너무 잘난 체하지 않게 방식을 조금 바꾸고 싶은 것이다. 또 사람들이 사탕발림 말이 아니라 솔직하고 핵심만을 있는 그대로 말하는 것을 존중한다는 것을 알게 될 것이다. 유머를 이용할 때처럼 그 방법을 이용할 때 주의를 기울여야 한다. 하지만 그 방법은 너무 대단하고 정말 중요하며 확실히 강력한 도구이기 때문에 마케팅에서 어느 정도 이용해야 한다.

사람들이 스스로 바보라고 말하도록 하는 방법

당신에게 도움이 되는 한가지 요령을 알려주겠다. 마케팅 관련 프로젝트를 진행할 때 늘 그것을 기억하라. 핵심을 말하려고 할 때 고객 및/또는 잠재 고객을 절대 가볍게 여겨서는 안 된다. 그렇게 하면 유대감과 관계 형성 과정을 망친다.

대신 이렇게 하라(놀랍게도 효과가 있다). 바보처럼 구는 당신 또는 다른 사람 이야기를 들려줘라. 하지만 얕보는 듯한 투로 말해서 그들을 바보로 만들지는 마라.

더 분명하게 설명해 주겠다. 당신은 잠재 고객이 행동을 취하는 것의 중요성을 이해하고 꾸물거리면 파산하고 가족을 잃게 될 것이라는 점을 이해하기를 원한다고 가정해 보자. 만약 당신이 "이 바보야, X, Y, Z를 하지 않으면 넌 어디도 못 가고 바로 다 못 끝내면, 못 일어날 줄 알아"라고 말한다면, 부모님이 훈계하는 것 같아서 그들은 '뭐 이런 사람이 다 있지?'라며 화가 날 것이다.

그렇다면 어떻게 하면 그들이 확신과 신념을 가지고 바로 X, Y, Z를 할 수 있게 할까? 간단하다. "X, Y, Z를 했을 때를 떠올려

보면, 이런저런 식으로 큰 대가를 치렀어요"라고 말할 수 있다.

당신에게 일어난 일을 알고 요점을 이해하도록, 하나의 이야기 형식으로 항상 당신에 대해 말하는 것이다. 당신을 바보라고 칭해서 대립적 압박을 없앴지만, 그 메시지는 여전히 가슴에 와 닿는다. 청취자, 독자, 당신의 대화 상대방은 자동으로 당신의 입장이 돼서 현명하게 당신의 충고를 받아들이지 않아 당신이 겪었던 일을 하고 있을 자신의 모습을 보고 있기 때문이다.

당신은 그들에게 미루지 말고 게으름을 피우지 말며 일을 끝내라고 말하는 걸 완수했다. 실제로, 비슷한 상황에 부닥쳤던 당신의 이야기를 그들에게 들려주었기 때문에 그냥 직접 말하는 것보다 훨씬 더 강력한 방식이다. 그 결과 그들에게 메시지를 전했지만, 그들을 비난하거나 모욕감을 준건 결코 아니다.

하지만 이 방법을 이용할 때 추가로 교묘하게 해야 하는 일이 있다. 어리석은 당신 이야기를 할 때, 그들 스스로 이렇게 말하도록 해야 한다. "내가 아니라서 다행이야. 그런 일이 나에게 일어나는 건 싫어. 그런 바보가 되고 싶지 않아." 이제 그들이 그렇게 말하는 순간, 당신의 조언을 따르기 때문에 당신은 그 사람들을 상당히 많이 설득하였다. 그들이 조언을 따르지 않는다면 결국 스스로 바보가 되기 때문이다. 얼마나 효과적인 방법인가. 이제 이것과 밀접하게 관련된 다음 주제로 넘어가자.

"내가 사람들에게 말하면, 당연히 의심받게 된다. 하지만 그들이 나에게 말하도록 하면, 그들을 그것을 위해 싸울 것이고 그것을 자연스럽게 사실로 받아들일 것이다!"

누가 먼저 말했는지는 잊어버렸지만, 유명한 세일즈 트레이너인 톰 홉킨스Tom Hopkins라고 생각한다. 그는 "내가 사람들에게 말하면, 사람들은 나를 의심한다. 만약 사람들이 나에게 말하면, 그것은 사실이다"라고 했다. 그래서 앞에서 말한 이야기 기법을 바탕으로, 당신이 어떤 주장을 하고 사람들이 당신 말을 그대로 받아들이기를 기대한다면, 밋밋한 마케팅으로는 원하는 결과를 결코 얻을 수 없다. 사람들이 있는 그대로 받아들이기를 기대하지 마라. 당신은 사람들이 힘들게 번 돈의 일부를 가져가려는 적이다. 당신을 믿어서는 안 되기에 사람들은 당연히 당신에게 저항할 것이다.

하지만 제 3의 인물 이야기를 이용해 적절한 질문을 해서 사람들을 만족시키면, 그들의 이야기를 끌어낼 수 있는 분위기를 만들 수 있다. 그런 다음 사람들이 이야기한다. 그들이 말했다. 그들의 생각이고 그들이 말하는 모든 것이 바로 사실로 받아들여진다. 결국, 사람들이 직접 말했다!

사람들 대부분은 이 점을 알지 못하기 때문에 고객들과 유대감을 형성하는 방법을 배우려고 하지 않는다. 그래서 기존 고객과 더 많은 비즈니스를 하는 대신에 계속해서 새로운 비즈니스를 유치하려고 노력해야 한다. 그래서 오늘날 일회용 사회의 거의 모든 것과 마찬가지로 고객은 한 번 이용 후에 결국 버려진다. 한 번 영업을 한 후 버릴 다른 잠재 고객을 찾아 떠나버린다. 그건 정말 터무니없고, 말도 안 되는 노력을 너무 많이 기울인 셈이다. 첫 번째 고객을 확보하고 당신에게서 첫 구매를 할 만큼 믿게 하려면 시간과 돈을 허비하고 마음고생을 했다. 사실 고객을 확보한 후에야 비로소 재대로된 마케팅과 업무가 시작된다. 거기서부터가 돈을 벌 수 있는 시작점이다. 그 고객에게 여러 번 서비스를 제공하고 제품을 판매하지 않으면 수익의 80~90퍼센트를 그대로 내버려 두는 것이다.

당신은 이런 사람이 돼서는 안 된다! 당신은 한 사람에게 여러 제품과 서비스를 판매하고 싶다. 당신에게 돈을 썼다는 사실에서 증명됐듯이 그들은 당신을 믿고 신뢰하기 때문이다. 그것이 바로 당신이 '의형제'와 같은 유대 형성 과정을 거치는 이유다.

논쟁에서 이긴 사람은 아무도 없다!

논쟁에서 이긴 사람은 아무도 없다는 것에 대해 잠시 생각해 보라. 더는 말하지 않겠다. 당신이 정면으로 맞서 공격적으로(또는 부드럽게) 누군가가 틀렸다고 납득시키려고 할 때마다 양쪽 모두가 항상 진다는 의미다. 앞에서 말한 것처럼 당신 스스로가 바보가 되지 않고, 상대방이 "당신 말이 맞아요"라고 말한다면, 보통은 말다툼을 멈추고 싶기 때문이다. 논쟁을 그만두려고 "알았어요"라고 말하는 사람은 무슨 말을 하든 어쨌든 자신들이 옳고 당신이 틀렸다고 생각하며 대화에서 멀어지게 된다. 그들은 거의 그럴 수밖에 없다. 자기의 뜻을 굽히면 자존심이 상한다. 이제 자신들이 옳다고만 주장하는데, 그것은 아무리 비논리적이라도 마지막까지 그들의 견해를 고수할 것이기 때문에 이기기가 매우 어렵다.

살면서 이런 경험이 있는가? 누군가와 논쟁을 벌이다가 혼잣말한 적이 있는가? "젠장, 이런 일로 싸워봤자 에너지 낭비야. 그냥 닥치고 있어야지." 분명 상대방은 자신이 이겼다고 생각하겠지만, 사실 이긴 사람은 없다.

그 이유는? 첫째, 그 순간부터 모든 대화를 중단하고 더는 듣지 않았다. 둘째는 더 중요한 것으로 당신은 "이 사람 정말 바보야. 이 사람이 하는 말은 신경 안 쓸 거야"라고 생각하고 있다. 그런 후 나중에 해야 할 일과 대화를 제외하고 다른 것을 생각하기 시작했다. 사람들은 당신을 놓쳤다. 그래서 아무리 그들의 메시지가 좋아도 당신은 대화를 끝내고 그들을 무시했다.

당신이 그들을 무시했을 뿐만 아니라, 그들은 이제 당신이 그들을 싫어하는 상황을 만들었다. 이 사람은 논쟁에서 이겼다고 생각하고 자리를 뜨겠지만, 이긴 게 아니다. 당신도 마찬가지다. 상대방이 귀중한 말을 할 수 있었는데 당신들의 논쟁 방식 때문에 그것 놓쳤기 때문이다. 그래서 이긴 사람이 없는 것이다.

이런 상황은 확실하게 눈에 보이지 않을 뿐이지 마케팅에서 많이 일어난다(생각하고 계속 주의를 기울이면 상호교차 적용 Crossover Applications이 보이기 시작할 것이다).

사람들은 돈을 벌기 위해 일하지만, 결국 자신이 옳다고 강요하기 때문에 좋은 결과를 얻지 못한다. 누구나 자신이 인정받고 싶어 한다. 더불어 모두가 자신의 사리사욕을 생각한다는 점을 기억하라. 사람들은 자신이 세상에서 가장 중요한 사람이거나 적어도 자기 세상에서 가장 중요한 인물이라고 생각한다. 모든 사람은 특별하고 인정받길 바란다. 이런 깊은 선천적 욕구는 정도의 차이는 있지만, 우리 모두에게 있다. 왜? 우리는 살면서 마땅히 받아야 하는 인정을 받지 못한다. 종종 인정받아야 한다고 생각하는 것들이 간과되거나 무시된다. 누구나 특별함을 느끼고 싶어 한다. 그만큼 모두가 특별하다.

하지만 아무도 자신들이 그럴 자격이 있다고 생각하지 못한다. 적어도 존경받지 못한다고 느낀다. 이는 타고난 열망이다. 원칙적으로 앞서 우리가 이야기한 내용과 비슷하다. 사람들은 가질 수 없는 것을 원하고 가진 것에 만족하지 않는다. 이 개념도 그것과 비슷하다. 사람이 왜 그런지는 모르겠지만 우리는 불안정한 존재이고 마땅히 받아야 할 존중을 받지 못한다고 느낀다. 받을 자격이 있는 존경을 받지 못한다고 말이다.

사람들은 존중받고 싶은 욕구를 충족하고자 한다. 무엇보다도 인정받기 위해 더 열심히 노력한다. 이는 돈 그 자체보다 훨씬 더 동기부여가 되는 힘이다. 그리고 때때로 우리가 원하는 건 실제로 돈이 아니다. 사람들에게 우리에게 줄 수 있다고 생각하는 것은 원동력, 즉 진정한 근본적인 동기부여다.

따라서 우리가 불안정한 존재이며 지구상의 거의 모든 사람에게(우리는 모두 존경을 바라고 그럴 받을 자격이 있다고 생각하지만, 충분히 받지 못한다고 여기는) 특성이 존재한다는 것을 안다면, 그에 따라 행동하고 사람들 사이의 격차를 해소할 수 있다. 우리는 격차가 있다는 것을 알고, 사람들도 분명히 안다. 그러므로 사람들이 마땅히 받아야 하는 인정을 해줌으로써 자연스럽게 더 많은 관계를 맺고 유대감을 형성할 수 있다. 이 점을 염두에 두고 (이 글에서 이야기한 다른 모든 기법과 더불어) 이용하면 유대감 형성 과정은 간단해진다. 이는 관계 구축에 강력한 한 방이다.

그럼 어떻게 이용할 것인가? 가능성은 무궁무진하다. 우선, 어떻게 인정받고 싶은지 생각해 보라. 당신을 특별하게 만드는 건 무엇인가? 자신이 존경받고 VIP 지위로 대우받고 있다는 걸 어떻게 알 수 있는가? 데이터베이스 구독자가 겪을 유대감 형성 경험으로 바꿔라.

이를 위해 창의력을 발휘할 수 있는 몇 가지 아이디어가 있다. 생일 카드 보내기, 특별한 개인 전화를 하거나 첫 구매 때 말해주지 않았던 선물로 깜짝 놀라게 하기, 당신의 사인이 있는 사진 제공, 영화배우의 사인이 있는 사진 제공, 세일즈 레터로 데이터베이스에 있는 사람들의 노력을 공개적으로 인정해 주기 등이다.

진심으로 그들을 축하해 주고 감사를 전하라. 그들에게 얼마나 고마운지 꼭 말하라. 당신에게 중요한 사람들이다. 단순히 아부하라는 게 아니다. 진심으로 감사하는 마음에서 그들을 인정하는 것으로, 그래야 그들이 당신에게 개인적으로 얼마나 중요한지 알 수 있다. 결국, 당신의 데이터베이스에 있는 모든 사람이 매우 중요하고 의미가 있다. 그 사람들이 당신의 자산이다. 그 사람들 덕분에 당신은 목표와 꿈을 이뤄서 살고 싶은 곳에서 살고 타고 싶은 차를 운전할 수 있다. 그 점을 알고 있고, 감사하게 여긴다는 점을 그들에게 알려라. 그러면 매우 흥미로운 일이 일어난다. 그들을 인정하는 것만으로도 중요한 가치를 전한다. 이는 가치 대 가치 교환Value For Value Exchange을 말한다. 단순히 사람들이 당신에게 비용을 지불하는 개념도 아니고, 그렇다고 당신이 그들에게서 소위 말하는 '단물만 빨아먹는 것'에 대한 것도 아니다. 당신은 사람들에게 가치를 부여하고 있다. 필요한 것을 주고 특별함을 느끼게 해준다. 물론 가치 있는 다양한 제품과 서비스를 제공하고 있지만 인정받고자 하는 그들 내면의 욕구를 채워주는 것은 당신이 그들에게 할 수 있는 가장 가치 있는 일 중 하나다.

유대감 형성 과정은 그들이 기대하는 가치보다 더 많이 부여했을 때, 즉 그들이 지불한 가격보다 가치가 클 때 일어난다. 사람들이 존경받고 인정받으며 특별하다고 느끼도록 만드는 데 가격표를 붙일 수 없으므로, 만약 그것이 당신이 제공하는 가치의 일부라면, 이 고객을 위해 당신이 창출하는 가치는 거의 헤아릴 수 없고, 고객들은 기꺼이 그에 상응하는 비용을 낼 것이다. 그들에게 심리적 안정감이나 가치를 부여하고 있으며, 그것은 비싼 물건보다 훨씬 가치가 크다. 이 점을 꼭 기억해두면 당신은 언제든지 필요할 때마다 돈을 벌 수 있을 것이다.

사실 제품이나 서비스에 대해 부과하는 가격은 그것을 생산하는 데 드는 비용과 관련이 없다. 구매하는 사람에게 지각된 가치Perceived Value를 바탕으로 한다. 예를 들어 1달러를 들여 뭔가를 생산할 수 있지만, 해당 고객에게는 1만 달러의 가치를 창출하는 제품이라면, 그 제품에는 500달러 가격표를 붙여야 할까? '그렇다'라고 할 것이다. 당신은 고객에게 엄청난 가치를 창출했는가? 사람들이 500달러를 내서 1만 달러의 가치를 얻는다면, 좋은 거래인가? 그렇다, 좋은 거래다. 당신은 종일 그렇게 한다. 나는 그렇게 할 것이다. 당신에게 500달러 수표를 쓰고 1만 달러를 돌려받는 방법을 나에게 알려달라. 그렇다, 난 그렇게 하고 있다. 내 입장은 500달러짜리 수표를 몇 장을 써야 하는가다. 제품 생산에 실제 비용은 그렇게 신경 쓰지 않는다. 1만 달러 가치를 보여줄 뿐이다.

같은 내용이 여기 개념에도 적용된다. 비용에 얽매이지 마

라. 이상한 소리지만, 속으로 1달러만 들었고 500달러에 팔고 있다고 말하라. 약속을 지키고 당신의 고객들이 가치를 얻는다면 이는 절대로 옳은 말이다.

이제 고객/잠재 고객에게 제품/서비스/제휴 상품 등이 제공하는 잠재적 가치를 보여주는 가장 좋은 방법 중 하나는 이미지를 이용하는 것이다. 고객과 잠재 고객이 정말 특별한 느낌을 받고 자신들이 세상에서 가장 중요한 사람이라고 생각하도록 하는 하나의 방법은 어떤 그림을 만들어 그 속에 그들을 담는 것이다. 그들의 삶에서 어떤 일이 일어날지 경험하게 하라.

예를 들어, 당신이 생계로 하는 직업보다 이 일로 더 많은 돈을 벌기 때문에 직장을 그만두는 것을 보고 친구와 이웃, 가족이 얼마나 충격받고 망연자실하고 놀랐을지 상상해 보라. 첫 비즈니스 모델을 만들고 첫 달에 수백 달러를 더 벌기 시작하고 다음 달에는 몇백 달러를 더 벌었을 때 얼마나 기분이 좋을지 상상해 보라. 갑자기 수천 달러가 들어오면 당신이 늘 갖고 싶었던 신형 BMW 자동차나 메르세데스 컨버터블을 뜬금없이 사게 된다. 당신은 아무에게도 말하지 않고 그냥 차도에 차를 세우고 이웃들이 갑자기 "그걸 어디서 구했어?"라고 말하는 것을 지켜본다. 이웃들은 갑자기 당신을 부러움과 질투의 시선으로 바라보며 궁금해할 것이다. "와, 저 여자는 어떻게 저걸 샀을까? 어떻게 돈을 벌었지? 남편은 편의점에서만 일하는데."

가족들이 "그녀 혼자서 사업을 할 줄 몰랐어요"라고 말하는 것을 우연히 듣게 되면 얼마나 기분이 좋겠는가? 자녀가 있다면, 엄마가 아빠보다 더 많은 돈을 번다는 걸 알고 당신을 우러러본다고 생각하면 정말 뿌듯할 것이다.

당신을 어떤 그림에 담을지 알겠는가? 마치 당신이 지금 그런 인생을 사는 것 같고, 당신을 특별하게 만들고 당신이 바라고 마땅히 받아야 하는 인정을 경험하게 된다. 개인적 경험에서 (여전히) 더 많은 것을 위해 계속 노력하게 되는 이미지다. 단순히 돈 때문만은 아니다.

당신은 고객들에게 이런 종류의 이야기를 만들어주고 싶을 것이다. 하지만 더 중요한 것은 낙관적인 이야기를 그려내고, 고객들이 당신이 만들어낸 특정한 상황을 실제로 경험하도록 하는 것이다. 그것이 유대 형성 과정의 일부다.

사실, 그런 비전을 만들어내고 고객들이 긍정적 감정을 끌어내는 그 행동 자체가 가치가 있다. 앞서 논의했듯이, 그들에게 더 많은 가치를 부여할수록, 더 많은 유대감이 형성돼서 고객은 당신과 당신 기업에 기꺼이 돈을 쓸 것이다. 그 그림에 고객을 담아내는 그 자체로도 가치가 만들어진다. 고객들 기분을 좋게 하는 것으로 소중하다. 당신은 방금 그들에게 공짜로 가치를 부여했다.

그래서 당신은 사람들이 갈망하는 인정을 해주고, 비록 그들이 그 대가로 (아직) 당신에게 돈을 지불하지 않을지라도, 당신에게 훨씬 더 중요한 것을 주었다. 고객들은 신뢰가 커지면서 당신을 더욱더 자신들을 이해하고 존중해 주는 의형제처럼 여긴다.

내가 아주 효과적으로 이용한 방법은 세일즈 레터였다. 사람들에게 이메일을 받을 때, 종종 질문을 다시 게재해서 훌륭한 질문을 한 그들을 칭찬한다. 또는 고객들이 나에게 이야기를 들려주면, 세일즈 레터에서 그 이야기에 대해 긍정적으로 언급한다. "얼마 전 존 존스에게서 이메일을 받았는데, 내가 지난달에 충분히 설명하지 못했던 일에 대해서 훌륭하게 짚었고 그의 말이 맞아요. 그래서 그 잘못된 점을 바로잡으려고 해요"라고 한다.

내가 무엇을 했는지 알겠는가?

실제로 두 가지를 했다. 첫째, 존이 바라던 인정을 해줬고, 그의 등을 쓰다듬으면서 그가 특별한 존재임을 느끼게 해서 나와의 개인적 유대감이 더 단단해졌다. 하지만 그보다 훨씬 더 중요한 것은 존뿐만 아니라 전체 데이터베이스 고객들과 유대감을 형성했다는 것이다. 나의 뉴스레터 명단에 있는 모든 사람이 존이 얼마나 훌륭하며 내가 얼마나 더 잘해줬는지 알게 되는 이메일을 읽으면, 내가 정말로 모두와 소통하고 그들 말에 귀 기울이고 원하는 것을 준다는 것을 알게 되고, 그들에게 나는 더 인간적으로 보인다. 또한, 그들은 존이 나한테 받았던 인정을 수많은 사람 앞에서 똑같이 받고 싶어 한다. 수지가 존에 관한 이야기를 읽으면 그녀는 더욱 적극적으로 행동하고 더 큰 반응을 보인다. 그녀는 어쩌면 다음 작은 관계 형성에서 내가 자신을 인정해주길 바라면서 이메일을 보낼 것이다. 그리고 유대 형성 과정은 계속된다.

알겠는가? 당신은 이것을 제대로 사용하는 방법을 이해하기 시작했는가? 그것이 관건이다. 사람들은 인정받고 만족하고 싶은 욕구가 있다. 그 점을 충족시켜라. 게다가, 온라인 세계에서는 메일 병합 발송Mail Merge, 똑같은 내용의 편지를 이름이 다른 여러 사람에게 보낼 때 사용 기능으로 개인화하기가 매우 쉬워져서, 이렇게 하기가 점점 더 수월하다. 그러면 우리가 앞서 이야기했던 미-투-유Me-To-You 방식으로 메일을 쓴다면, 고객들은 그 이메일이 자신들에게만 온 것처럼 여길 것이다. 데이터베이스 내의 수천 명에게 전송되는 팩스/이메일처럼 생각하지 않는다. 그 사람이 나에게 직접 말하고 있다고 느낄 것이다. "내 말을 듣고 있나요? 존? 내 말을 듣고 있는거죠? 수지?" 이렇듯 개인화가 가능하고 이는 당신과 소통하고 있는 모든 사람에게 할 수 있다. 마치 당신이 그들에게 직접 말하는 것처럼 말이다.

재미있지 않은가? 난 지난 몇 년 동안 내 데이터베이스에 있는 사람들로부터 엄청난 양의 이메일을 받았는데, (사실 대량 발송 이메일의 일부였는데) 그들은 내 이메일에 진짜로 답장해야 한다고 생각했다. 그들은 내가 자리에 앉아 직접 그 이메일을 작성해서 자신한테만 보낸다고 느꼈다. 그것이 우리가 여기서 이야기하고 있는 비법이다. 당신이 알게 된 이러한 관계 형성 과정으로 데이터베이스에 있는 사람들은 그러한 감정과 의무감이 든다.

내부 정보 제공하기

세상에서 가장 중요한 사람인 것처럼 누군가를 특별하게 느끼게 하는 매우 강력한 방법은, 당신이 아무에게도 말하지 않을 비밀, 신뢰하는 누군가와만 공유할 수 있는 그런 종류의 정보, 평소에는 나누지 않는 탐나는 정보를 알려주는 것이다. (당신이 사람들에게 이런 종류의 신뢰를 줄 때, 당연히 당신이 공유하고 있는 정보가 얼마나 대단한 지 그들에게 말해야 하고, 평소에 이런 정보를 공유하지 않는 사정과 이유, 현재 당신조차도 이렇게 알려주는 것이 믿을 수 없다는 이야기를 들려줘야 한다) 고객들을 특별하게 느끼게 만들고 내부 정보를 제공함으로써 그들을 존중하는 것이다. 함께 어떤 아이디어를 만든 거라고 느끼게 한다. "이봐요, 쉿. 가까이 와 봐요. 아무도 모르는 건데 당신한테만 알려줄게요." 이 방법도 유대감을 이용하는 것이다.

이것으로 어떻게 남학생 클럽, 여학생 클럽, 친목 단체가 형성되는지 알겠는가?

당신은 이렇게 말할 것이다. "사람들이 관심 가질만한 비밀을 내가 모르면 어쩌냐고요? 그런 일은 없어요." 하지만 그건 사실이 아니므로 그 점에 대해 지금부터 설명하겠다.

비밀은 모르는 경우에만 비밀이다. 어리석지만 명백하게 들린다면, 당신이 맞기 때문이다. 그러나 잘 보이는 곳에 숨어 있으면 찾을 수 없는 것처럼, 이렇게 명백한 것의 힘은 거의 항상 간과된다. 다시 말해 우리 각자는 일반 대중이 알지 못하는 관심 분야에 대한 전문지식이 있다.

이 글에서 당신이 알게 된 정보에 대해 생각해 보자. 이 정보는 나에게는 익숙한 것이다. 전부 현재 자연스럽게 하는 일이다. 나에게 더는 비밀이 아니다. 하지만 당신은 앞에서 자신에게 "와, 몰랐어." 혹은 "예전에는 전혀 생각지도 못했어"라고 몇 번이나 말했는가? 아마도 여러 번 했을 것이다.

내 방법과 사고 과정을 설명할 때 당신이 진심으로 원하면 언제든지 돈을 벌 수 있게 하는 많은 비법을 소개하고 있다. 그것은 내부 비밀인가? 물론이다. 나도 배웠는가? 그렇다. 당신은 배울 수 있는가? 당연하다. 내가 여기서 당신에게 전하고자 하는 조합은 독특하다. 내가 만든 건 특별하다. 그것은 비정한 비즈니스 세계에서 알게 됐고 일하면서 아주 현명한 기업인들에게 배운 것을 기반으로 한다. 그것을 배우고 가르치려는 나의 열정 덕분에 이 글을 편집하는 과정이 즐겁다.

　　그래서 당신에게는 어떤 비법이 있는가? 생각해 보면 많다. 레스토랑에서 더 나은 서비스를 받는 방법을 알려줄 수도 있고, 크게 성장할 유망한 디자이너 브랜드의 향수로 현재 훨씬 낮은 가격으로 사는 법을 알고 있을지도 모른다. 항공권을 저렴하게 구매하는 방법을 알 수도 있다. 이혼해도 파산하지 않는 방법을 아는가? 맛있는 브라우니를 만드는 비결이 있는가? 할아버지가 임종 시에 알려준 조언이 있는가? 물고기가 많이 잡히는 낚시 스폿이 있는가? 자녀들에게 방을 치우라고 처음으로 부탁할 때 어떻게 말해야 하는지 아는가? 운동시간을 10분 줄여도 더 좋은 결과가 나오는 방법을 알 수도 있다. 중국에서 온 고모가 준 감기약이 효과가 아주 좋아서 그 후에 한 번도 감기에 걸리지 않았다면 그 약을 알려줄 수도 있다.

한 가지 흥미로운 사실이 있는데, 때때로 정보를 전달하는 방식도 비결이 있다는 것이다. 고객들은 이전에 들었던 내용이지만 그걸 제시하거나 설명하는 방식이 매우 독특해서 당신한테서 다시 들으면서 이번에는 제대로 이해할 것이다. 그것도 하나의 내부 정보 형태다.

기회는 무한하다. 우리 모두에게 이러한 비법이 있고 매일 활용한다. 우리는 그 비법들을 매일 쓰기 때문에 얼마나 소중한지 깨닫지 못하고 비법이라고 생각하지 않는다. 그것을 당연하게 여기며 그것을 모르는 사람들에게 얼마나 놀랍고 충격적인지 알지 못한다. 사람들 대부분이 모르기 때문에 내부 정보이고 비법인 것이다.

자, 당신은 개인적으로 열정을 보이는 영역에서 비즈니스 모델을 구축하기 때문에 새로운 내부 정보, 요령, 비결 및 특이한 정보를 알게 되는 건 재미있고 빠르고 쉽다. 그 방법은 이렇다. 그냥 숙제를 조금 하면 된다. 도서관과 서점에 가고 온라인에서 검색하고 조사하면 된다. 3~5일이면 당신이 고른 주제에 대해 전문가가 될 수 있다. 생각할 수 있는 모든 주제에 관한 정보를 전부 이용할 수 있다. 도서관이나 온라인에서 당신이 관심 있는 주제에 대해 몇 시간 동안 조사하면 스스로 "우와! 몰랐어. 훌륭한데"라고 말할 것이다. 짧게 조사하는 동안 30~50개의 비법 목록을 만들지 못했다면, 뭔가 잘못된 것이다.

암 치료법을 찾는 게 아니다. 당신의 '중독자' 고객들이 대부분이 알지 못하고, 알게 되면 관심이 가고 이득을 얻을 수 있는 잘 알려지지 않은 반전에 대해 말하고 있다. 시간을 조금 더 할애한다면, 당신이 '소중하게 지킨 비법들'이라고 소개할 수 있는 것을 10, 20, 30, 100개 또는 그 이상 만들어 낼 수 있다.

다른 방법은 누군가의 이름을 기억하고 그 이름을 이용하는 것이다. 남용하지는 말고 그 이름을 이용하라. 사람들은 당신이 자신들을 기억하고 존중하는지 알고 싶어 한다. 이러한 유형의 연결은 유대감 형성 과정에서 중요하다. 어떻게 해석할 것인가? 아주 간단하다. 메일 병합 발송 기능을 이용하는 것이다. 고객들에게 메일을 보낼 때, 그들의 이름을 이용하라. "친구에게"라고 쓰지 마라. "저기, 조슈아, 말해 줄 게 있어.", "오랜만이야, 존."이라고 하라. 그렇게 메일 병합 발송을 할 수 있다.

유대감은 논리적 과정이 아니라 감정적 과정이다.
그러니 친근하게 다가가라.

유대감이 개인적 기준에서 사람들 간의 연결이다. 그 연결은 논리적인 것이 아니라 감정적인 것이다(사람들에 대한 감정으로 그들을 사랑하는 것이고 여기에도 적용된다). 신뢰에 대한 감정적인 판단이고, 구매에 대한 감정적인 판단이다. 당신(또는 당신의 잠재 고객)은 이 점에 대해 다투고 나에게 "아뇨, 나는 사실에 근거해서 사요"라고 말할 수 있지만, 모든 구매는 감정적인 차원에서 먼저 이뤄지고, 그다음에 우리의 결정을 뒷받침할 논리와 이유를 찾는다.

유감스럽게도, 이 점에 대해 당신과 논쟁하고 내가 옳다고 설득할 시간이 없다. (이 주제에 관한 내용은 전문서적에 실려 있다). 일단 내 마케팅 방법으로 수백만 달러를 벌어들였고, 이 주제에 대해 어떤 말을 해야 할지 알기 때문에, 당신은 내 말을 믿어야 한다.

따라서 유대감이 감정적인 과정이라면, 소통은 개인적으로 다가가서 해야 한다. 이것이 주류 학자들의 말과 전통적이고 공통된 비즈니스 규칙과는 180도 상반된다는 것을 안다. 하지만 당신에게 굉장한 결과를 만들어내는 방법, 신속 반응을 끌어내고 주요 기업이 생각할 수 있는 것보다 고객의 LTV를 높이는 방법에 대해 말하고 있다.

많은 사람은 비즈니스 커뮤니케이션에서 자신의 성격을 내보이지 않으려고 한다. 실제 문제에 맞서 진짜 감정으로 진짜 사람들과 이야기를 나눈다는 기색을 조금도 보이지 않고 무미건조한 메모와 학술적이고 제도적인 마케팅 글을 쓰려고 한다. 그 결과는? 어떠한 유대감도 형성되지 않는다. 거래는 다시 이뤄지지 않고, 충성심으로 당신에게서 구매할 의무감도 생기지 않는다. 그리고 두 번째 잔도 팔리지 않는다.

다음은 내가 쓴 뉴스레터 중 일부를 발췌한 것으로, 개인적으로 사람들과 가까워진 방법과 유대감이 형성된 우정을 만드는 방식으로 그들을 나의 고객으로 만든 방법에 관해 설명한다. 이것을 읽으면서, 당신이 받은 다른 뉴스레터들과 마케팅 글과 얼마나 상반되는지 생각해 보라.

그 주제에 대해 준비하고 모험담을 만드는 방법으로써 개인적 관계를 어떻게 이용하는지 주의를 기울여라. 그러면 내가 다음에 할 말을 들을 준비가 된 것이다. 당신이 이 글을 계속 읽게 하려고 호기심을 이용하는 방법과 공유하는 이야기가 내게 현실적이고 감정적 수준에서 얼마나 깊이 연결되는지 주목하라. 이것이 어떻게 데이터베이스에 있는 고객들에게 우리가 찾고 있는 핵심 멤버라는 느낌을 만들어내는지 생각해 보라. 매우 개인적인 감정적 수준에서 어떻게 나를 알게 되는지와 기꺼이 내 개인적인 삶을 당신과 공유하려는 뜻이 어떻게 당신을 특별하게 만드는지 확인하라.

관은 내 왼편에 있었다. 나를 보살피고 키워준 사랑하는 여성을 기리는 가슴 아픈 추도사를 하는 중이었다. 갑자기 생각하지도 않은 지혜의 말이 내 입에서 튀어나왔다. 그 메시지는 심지어 나를 놀라게 했다. 마치 신(또는 어쨌든 내 외부의 어떤 것)이 내 귀에 속삭이는 것 같았다. 왜 그렇지 모르겠지만 (나를 포함해) 장례식장에 있던 300여 명이 그 순간 절실히 듣고 싶었던 말이었다. 내 마음에서 아무 생각 없이 쏟아져 나왔지만 그 말은 매우 강력했다. 하지만 성공한 기업가이자 영향력 있는 연사가 가장 의미 있는 말을 해줬다. 그녀는 촉촉한 눈과 약간 떨리는 목소리로 내 메시지에서 그녀가 마주한 개인적인 위기에 대한 답을 찾았다고 말했다.

가장 적절한 때에 그 말을 듣게 됐다. 지난 4개월은 말 그대로 달콤 씁쓸했다. 사실, 그 시기에는 내 인생에서 가장 힘들고 도전적이었지만 가장 흥미롭고 열정적이며 기쁨으로 가득 찼었다 (수익이 가장 높았던 건 말할 필요도 없다). 다음과 같은 일을 겪었다.

지난 4개월 사이에 운이 좋게도 세상에서 가장 환상적인 여성과 결혼했다. 씁쓸한 이야기는? 결혼식 일주일 전에 장모님이 너무나 예기치 않게 돌아가셨다(사실 이 일로 이루 말할 수 없이 우리 사이의 사랑과 유대는 더 깊어졌다). 그런 후 내가 아빠가 될 것이라는 오랫동안 기다려온 소식을 들었고, 아기의 힘찬 심장 박동을 처음

들었을 때 눈에 눈물이 고였다. 3명의 조부모가 돌아가시는 것을 무기력하게 지켜봤지만, 아내를 잃은 충격과 슬픔을 이겨내는 장인어른과 좀더 깊은 유대감을 형성하게 되었다. 그 와중에 용케 작은 비즈니스를 운영할 수 있었다.

(이런 와중에서도 비즈니스는 그 어느 때보다 잘 됐고 바빴는데, 소수의 구독자에게는 큰돈을 버는 특별한 기회가 생겼다. 난 비아그라에 대한 독점적인 마케팅 권한을 갖는 것보다 더 많은 돈을 벌 수 있는 놀라운 기술과 마케팅의 돌파구를 감추고 있었다. 이는 아주 대단한 것으로 나중에 자세히 설명하겠다.)

인생은 그런 것이다. 압박감, 기쁨, 실망과 환희가 섞여 있다. 상당히 역설적이지만 종종 정말 나쁜 일이라고 생각했던 것들이 전화위복이 된다. 어쨌든 내 주장을 내세우지 않고 일을 시작할 때가 되었다.

다른 이야기로 넘어가기 전에 내가 장례식에서 한 말을 알고 싶은가? 조금만 기다려라. 말해줄 것이다. 하지만 먼저 이 문제의 핵심부터 파악하자.

자, 이제 몇 가지 질문을 하겠다. 당신의 내 인생의 단편을 알게 된 것 같은가? 발췌문을 읽으니 한 사람으로서 내가 더 가깝게 느껴지는가? 당신은 나를 아는 것 같고 내가 그런 개인적인 일을 나눌 만큼 당신을 친구처럼 믿는다는 생각이 드는가? 다음 내용을 알고 싶은가? 우리가 함께 앉아서 커피를 마시면서 이야기를 나누는 것 같은가?

그것이 유대감을 형성하는 모든 것이다. 이런 방식으로 친해지면, 신뢰 수준을 높일 뿐만 아니라 고객과 잠재 고객의 끊임없는 관심을 받게 된다. 따라서 당신의 말을 잘 들을 수 있는 곳에서 고객에게 거절할 수 없는 제안을 소개할 수 있으며, 그 결과 신속 반응 비율을 4~5퍼센트에서 20~30퍼센트까지 높일 수 있다.

이러한 유형의 커뮤니케이션은 영향이 커서, 당신이 다가왔기 때문에 사람들이 당신의 소통을 기대하게 만든다. 이는 순백금과 같다! 고객과 잠재 고객은 (신이 난 5세 아이가 크리스마스 아침을 기대하는 것처럼) 두 번째, 세 번째, 네 번째, 다섯 번째, 여섯 번째, 일곱 번째, 여덟 번째, 아홉 번째, 열 번째, 열한 번째 (그리고 계속해서) 잔을 파는 당신의 다음 연락을 기대한다. 그러므로 한 잔 파는 것은 식은 죽 먹기다.

텔맨 크누드슨Tellman Knudson
당신은 점점 목이 마르고, 몹시 갈증이 난다

텔맨 크누드슨은 세계적인 주의력 결핍 과다행동장애ADHD 전문가이고 울트라 마라톤 선수이자 최면술의 대가다. ADHD 상담 업무에 응용하기 위해 지난 1년간 다이렉트 마케팅을 배웠다. www.ADHDSecrets.com을 방문하면 텔만에 대해 더 자세히 알 수 있다.

자, 마크가 당신에게 하는 조언은 다음과 같다.

1. 거절할 수 없는 제안을 생각해 내라.

2. 그 제안을 목마른 군중에게 제시하라.

3. 그 사람들에게 두 번째 잔을 팔아라.

그의 주장은 꽤 강력하다. 그렇게는 생각하고 있었지만, 어느 날 전화로 그에게 물어보고 나서야 나의 기존 사업(원격 세미나)에 적용할 방법을 알게 되었다. 당신은 한동안 마크 조이너를 가까이 따라다녔을지도 모른다. 그랬다면 최근에《거절할 수 없는 제안》이 출간됐고,《위대한 공식》은 몇 달 후 출간 예정이라는 것을 알 것이다. 그래서 무엇이 문제인가?

마크 조이너가 나에게 마케팅의 정석과 같은 이 환상적인 책에 글을 기고해 달라고 부탁했을 때, 지난 몇 달간 나의 비즈니스 활동을 열심히 살폈다. 2단계와 3단계 공식과 관련된 내 경험을 들려주는 것을 승낙하기 전에, 실제로 그의 개념에 맞는 확고한 사례가 있는지 분명히 해야 했다. 다행스럽게도, 목마른 고객들에게 내 제안을 선보이고 두 번째 잔을 판매한 결과 수천 달러를 추가로 버는 데 성공했다.

마크와 통화하던 날을 기억한다. 게다가 전화와 관련된 멋진 생각이 떠올랐다. 하지만, 내가 마크를 만나고 나서 이 공식들을 어떻게 적용했는지에 관해 말해주기 전에, 당신은 마크를 만나기 전에 내 비즈니스에 어떻게 적용했는지에 대해 듣고 싶어 들떠 있을 것이다. 당신이 어떤 비즈니스에 종사하든지 상관 없다. 이 아이디어를 활용할 수 있을지 한 번 고민해보기 바란다.

최면술사이자 신경 언어 프로그래밍NLP, Neuro-Linguistic Programming

전문가로서, 나는 사람들이 뇌를 더 효과적으로 이용하는 방법과 습관, 생각, 행동을 빠르고 효과적이며 영구적으로 바꾸는 방법을 배워서 삶을 바꿀 수 있도록 돕는다. 시간당 75달러를 벌기 시작했을 때 (막 대학을 졸업했던 그 당시 가장 높은 시간당 수입이었다), 시내 중요한 장소에서 명함과 안내 책자를 나눠주면 돈을 크게 벌 수 있다고 생각했다.

하지만 내 비즈니스 계획에서 작은 (그러나 치명적인) 문제가 있었다. 만약 당신이 사람들과 일대일 또는 소규모 그룹으로 하는 일을 하고 있다면, 내가 여기서 하는 말을 바로 이해할 것이다.

이런 모습을 상상해 보라. 어떤 남성이 최면술사로서 훈련 중이다. 그는 놀라운 기술을 보였고 사람들을 돕는 데 완전히 헌신했다. 비즈니스 구상에 집중하기 위해 본업을 그만뒀다. 그런데 고객이 좀 늘더니 곧 일정선을 유지하면서 제자리에 머물렀다. 그러자 갑자기 공과금을 내는 것만도 벅찬 일이 되었다. 찬장과 냉장고는 텅 비었고 찬장에는 그 흔한 라면 한 개가 없다. 점심으로 나가서 샌드위치라도 사 와야 될 형편이었다.

그래서 가장 가까운 식료품 가게에 가서 BLT 샌드위치, 수프와 커피 한 잔을 주문한다. 그는 앉아서, 어떻게 이 상황을 해결할지 고심한다. 샌드위치를 씹어도 스트레스는 계속 쌓이고, 식사가 끝날 때까지 답은 나오지 않는다. 점심값은 다 합해서 10달러도 안 된다. 그는 직불카드로 결제하려고 한다(몇 달 전에 카드 빚이 자꾸 쌓이는 바람에 신용카드를 전부 막았다). 그런데 아, 말도 안 된다. 이런! 계좌에 8달러 95센트가 없어서 결제 승인이 거부됐다. 마음이 아프다. 겨우 주인에게 하소연해서 집에서 돈을 가지고 오겠다고 말한 뒤(친구에게 돈을 겨우 빌려서) 그날까지 하루가 끝날 무렵이 되어서야 점심값을 낸다.

그날 그는 여러 상황을 바꿔야겠다고 결심했다. 비즈니스를 빠르게 추진하기 위해 획기적인 생각을 해내던가, 아니면 빵 공장에 복직해야 한다.

그렇다. 우리 모두 그 사람이 누군지 안다. 불과 몇 년 전 내 모습이었다. 하지만 내가 어떻게 그런 상황에 빠졌고, 어떻게 다시 빠져나올 수 있었는지 말해주겠다. 내 비즈니스 계획에는 다음과 같은 문제점이 있었다.

- 광고비가 없었다.
- 기존 고객들에게 정기적으로 연락하지 않았다.
- 고객 한 명당 75달러를 벌었고, 대부분 사무실 임대료로 나갔다.
- (아직) 내 지역에서 '최면술의 대가'로 알려지지 않았다.

- 내 서비스를 원하고 바로 돈을 지불할 고객이 필요했다.
- 버몬트 주의 변두리 지역 사람들은 내 일에 호의적이지 않다.
- 내가 사는 지역은 경제 계층에서 하위권 지역이었고 대학에 진학하지 않은 젊은이들 비율이 높았다. 즉, 대부분은 돈이 많지 않았다.

해결책은 무엇이었을까? 바로 나에게 '목마른 군중'이 필요하다는 사실은 알고 있었다. 목마른 군중말이다. 최면술은 체중감량, 금연, 스트레스 감소 등 세 가지 분야에서 많이 이용된다는 것을 알았다. 하지만 내 전문 분야인 주의력 결핍 과다행동 장애에 집중하고 싶었다(www.ADHDSecrets.com 참조). 그래서 어떻게 했을까? 최면술이 체중 감량에 도움이 된다고 광고를 하지 않았는데도 매주 체중 감량 고객이 있었다는 점에 주목했다. 그래서 비록 첫 번째 관심사는 아니지만, 체중 감량에 먼저 초점을 맞추기로 했다. 가장 갈망하는 사람들이기 때문이다.

(참고: 만약 직접 광고하지 않는 특정한 유형의 고객을 확보하고 있다면, 수익성이 있는 경우 해당 유형의 고객을 더 많이 확보하는 데 에너지를 집중하라.)

그래서 난 더 많은 체중 감량 고객 확보에 집중해야 했다. 어디서 그 고객들을 찾을 수 있을까? 그 사람들이 전단을 보고 나에게 오기를 바라는 건 효과가 없다는 것을 이미 알고 있었다.

또한, 그 당시 내 고객 대다수가 여성이었고, 여성들은 보통 남성들보다 훨씬 더 기꺼이 건강 해결책을 찾는다는 것을 알아냈다. 그렇게 내가 찾고 있는 고객들에 대해 두 가지 점을 알아냈다. 하나, 그들은 과체중이었고, 둘, 그들은 여성이었다.

한 가지 더 있었다. 모든 고객이 1회 방문에 75달러를 지불할 여유가 있어야 하고 체중 감량을 위해 이 돈을 기꺼이 낼 수 있어야 한다는 점이다. 이렇게 자신들의 문제 해결에 돈을 쓰려고 하지 않는 많은 수의 사람들을 걸러낸다. 그래서 완벽한 나의 고객이 될 수 있는 사람으로 범위를 줄였다. 그런 다음 다시 자리에 앉아 그러한 고객들이 시간을 보낼만한 장소들을 생각해냈다. 그렇다면 어떤 장소가 떠올랐을까?

- 패스트푸드 매장
- 식료품점
- 체중 감량 클리닉
- 병원 진료실
- 살롱

- 대안 의료 센터
- 체육관 — 특히 과체중 여성에게 특화된 체육관

이는 내가 최우선으로 고른 장소들이다. 그 장소에는 여성이고 과체중인 유료 고객들이 있다. 그곳의 고객층을 어떻게 이용할 수 있을까? 간단하다. '간이 진료소'라는 아이디어가 생각났다. 내 집에서 차로 한 시간 거리에 있는 모든 체중 감량 클리닉, 살롱, 대안 의학 센터와 여성용 체육관을 모두 다 들려봤다. 그리고 다음과 같이 홍보했다.

"당신 직장에 1주일에 최소 하루 동안 비는 공간이 있다면, 당신 고객들 모두에게 무료 상담을 해드릴게요. 상담을 더 듣고 싶어서 다시 온다면, 당신에게 내 수익 33퍼센트를 드릴게요. 당신은 아무런 비용도 들이지 않고 추가 수입이 생기는 거예요. 고객들이 한번 받아보고 싶다고 하면, 당신은 무료 상담을 정해서 고객들에게 알려주기만 하면 됩니다."

'좋아요'라고 대답한 사람은 누구였을까? 빈방이 있는 모든 사람이었다. 난 치과에서도 간이 진료를 시작했다. 한 달 만에 최면술 사무실은 한곳이 아니라 다섯 곳에 생겼다. 여성 전용 체육관, 치과, 대안 의료센터, 체중 감량 센터와 내 개인 사무실이었다. 개별 진료소가 5개 있는 것과 같았다. 1주일에

한 번씩 각 사무실에 방문했고, 주말에는 사람이 많아서 내 개인 사무실로 갔다.

이 시나리오의 첫 번째 목마른 군중은 당연히 더 많은 돈을 벌고 싶은 사업주들이었다. 그들이 이미 투자하고 있는 것보다 시간이나 돈을 더 투자할 필요 없이 기존 자리에서 더 많은 돈을 버는 방법을 제안했다. 이를 어떻게 거절할 수 있겠는가? 처음에 내 아이디어를 제안하고, 그러고 나서 영업 마감 시간에 수표를 건네주면서 두 번째 잔을 팔았다. 일단 수익이 생기자 그들은 내가 더 자주 와주길 바랐고, 곧 일주일에 한 번 이상 일하게 되었다.

두 번째 목마른 군중은 고객들이었다. 이것이 어떻게 이루어졌는지 말해주겠다. 처음 간이 진료소 개념을 시작했을 때 사람들이 방문할 때 요금을 청구했지만, 때때로 노 쇼No Show 가 있다는 것을 알게 됐다. 그리고 종종 사람들은 장기적인 체중 감량과 변화를 위해 5~10번 나를 꼭 만나야 하지만 두 번만 오곤 했다. 그 결과, 내 고객들을 단기적인 결과를 얻었지만 결국 체중이 다시 증가했다. 그래서 어느 날 새로운 것을 시도해 보기로 했다.

대체로 사람들은 첫 방문 때 어떤 옵션들을 선택할 수 있는지 묻는다. 그 첫 방문에 너무 많은 시간을 할애했고, 내가 약속한 1시간 대신 90분의 시간을 들였다. 그리고 고객들이 테이프나 CD를 집에 가져가서 반복해서 들을 수 있도록 상담을 녹음했다 (나에게 쉽게 연락할 수 있도록 앞면에 내 이름과 전화번호를 기재했다). 방문이 끝날 때쯤 더 원하면 다른 상담 약속을 잡거나 나에게 연락할 수 있다고 제안했지만, 일부는 그렇게 했고, 일부는 그렇지 않았다.

그래서 어느 날인가는 다른 시도를 했다. 늘 하던 방식으로 상담을 시작했지만, 첫 번째 상담은 무료로 제공했다. 상담이 끝날 때, 고객들에게 5~10번의 상담을 받는다면 최고의 장기적 결과를 얻을 수 있다고 말했다. 한 번 상담할 때마다 75달러를 내고, 10번 상담을 하면 750달러가 될 수 있다고 말했다. 혹은 한 번에 4번의 상담 비용을 내면 5번 상담을 받을 수 있다고 했다. 300달러만 지불하면 됐고, 5번 상담이 끝나고 또 한 번에 결제하면 150달러를 절약하는 거였다.

그 후, 무료 고객의 약 80퍼센트가 유료 고객이 됐고, 그중 75퍼센트는 무료 상담이 끝날 때 300달러를 지불했다. 가장 좋은 점은 선결제를 한 사람들은 모두 항상 상담에 나왔다는 것이다. 최소 24시간 전에 알리지 않으면 그 상담은 취소될 수 있다고 말했기 때문이다. 목표를 빨리 달성하고 싶은 사람들에게는 다음 상담에서 CD 세트를 판매했다.

이렇게해서 나는 고객을 만나는 방식을 완전히 조정했고, 최고 수준으로 바뀌었다. 내가 만나고 있는 고객 이후에 빈 시간이 있으면, 쉬지 않았다. 그 고객을 1시간 45분 동안 상담했다. 혹은 고객이 가야 한다면, (치과, 체중 감량 클리닉 또는 체육관) 사무실의 대기실에 가서 "방금 빈자리가 생겼어요. 처음 먼저 준비되신 분은 무료로 최면술을 받을 수 있어요." 하고 말했다.

결과는 대성공이었다. 그다음 3주 동안은 사람들이 줄을 섰고 예약도 꽉 찼다. 아, 한 가지 더 말하자면 누가 어떤 이유로 환불을 요청하면, 늘 환불을 해줬다(다행히도 이런 일은 단 두 번밖에 일어나지 않았다). 자, 여기서 내가 이용한 방법을 떠올려보기 바란다.

1. 목마른 군중이 어디 있는지 고민해서 그곳으로 갔다.
2. 무료 상담을 해주고 많은 시간을 할애했다.
3. 그들에게 다양한 패키지를 판매했다.

그것이 전부다. 준비하는데 한 푼도 들지 않았다(기존 시설과 고객층을 이용했기 때문에 임대료나 광고비가 전혀 들지 않았다는 것을 기억하라). 이러한 시스템을 이용해서 나의 하루하루는 늘어나는 고객과 높아가는 은행 잔고로 채워졌다. 팀을 만들어 일하는 법도 터득하게 되었다. 하지만 그 이야기는 다음 기회에 하겠다.

그렇다면 지금 하는 비즈니스에서 이런 방법을 어떻게 이용했을까? 현실적인 답은 어디서나 항상 이용한다는 것이지만, 우선 가능한 한 간략하게 사업의 아주 일부에 대해서만 설명하겠다.

내가 지난 몇 달간 마크 조이너에게 배운 것으로 되돌아가 보겠다. 요즘 나의 비즈니스 대부분은 온라인에서 이뤄지는데, 온라인에서는 상품을 한 번에 한 명만이 아니라 수천 명에게 팔 수 있다. 실제로 아주 중요한 교훈을 깨달았는데, 하나만 팔아서는 돈을 벌 수 없는 것이다.

판매는 누군가 원하는 행동을 하게 할 때 일어난다. 당신의 아이디어를 다른 사람에게 팔아서 그 대가로 뭔가를 받는다.

여러 형태의 교환이 될 수 있지만 궁극적으로 가치 교환이다. 그 교환에는 시간, 돈 또는 에너지가 포함될 수 있다. 온라인에서 많은 사람이 첫 번째 교환으로 자신의 이름, 이메일 주소, 때로는 전화번호를 입력해 원하는 정보를 얻는다. 실제로 두 개의 다른 웹사이트에서 이 과정이 이뤄지는 것을 볼 수 있다. www.ADHDSecrets.com 또는 www.asktellman.com을 확인해 보라. 사이트를 방문해서 정보(이름, 이메일, 전화번호)

를 입력하면 이 영업 프로세스가 어떻게 진행되는지 단계별로 알 수 있다.

여기서는 제가 지금 하는 원격 세미나(전화로 하는 세미나 또는 수업)로, 두 번째 잔 제안으로 이득을 얻는 방법을 알 수 있다. 지난 12개월 동안 원격 세미나를 통해 여러 프로그램에서 최고의 영업 사원이 되었다. 사실 우리 회사에서만 지난 8개월 동안 원격 세미나와 내가 지금 알려주고자 하는 방법으로 70만 달러 이상의 매출을 올렸다. 내가 하는 방법은 당신이 생각하는 방법이 아니기에 잘 들어주기 바란다.

지난 단 3개월 동안 내가 올린 매출에 6,000달러 이상 더 올린 방법은 이렇다. 우리가 아는 바와 같이, 교환할 때 첫 번째 영업이 이루어진다. 당신이 나에게 연락처를 주면, 당신이 관심 있는 정보를 준다.

이제 당신의 이름과 이메일을 입력하면 나의 제안이 담긴 페이지가 나타난다(물론, 이것은 거절할 수 없는 제안이다). 내 제안을 받아들이기로 했다면, 모든 정보를 입력하고 '제출' 버튼을 눌러라. 바로 다음 페이지로 이동하면 '감사' 페이지(Thank You Page, 고객 정보 등록이나 제품 구매에 대한 감사 문구를 보여주는 페이지)다. 여기서 마법이 일어난다. 나의 감사 페이지는 일반적인 감사 페이지와 상당히 다르기 때문이다.

처음에는 크게 달라 보이지 않을 것이다. 하지만 여기서 무슨 일이 일어나는지 잘 보기 바란다. 다음에 할 일에 대해 매우 분명히 안내하고 있으며, 그것은 거의 항상 다음과 같다.

1단계는 보통 뉴스레터 구독 확인이다(이로써 앞으로 있을 추가 커뮤니케이션과 영업 기회에 귀를 기울이게 된다).

2단계는 원격 세미나의 녹음을 듣는 것이다(또는 원격 세미나를 직접 듣는 것이다).

3단계는 '과제하기'이다. 이것은 또 다른 콜 투 액션Call To Action, 마케팅에서 타깃의 반응을 유도하기 위해 요청하는 행위으로 당신이 찾고 있는 것을 얻을 수 있는 다른 뭔가를 하라는 것이다. 무언가에 가입을 할 수도 있고, 당신이 구매하는 쇼핑몰에 링크를 걸 수도 있다.

바로 이 3단계, '과제하기'가 두 번째 잔이다.

이것이 어떻게 이뤄지는지 멋진 예를 보고 싶다면, www.asktellman.com을 방문해서 감사 페이지에 연결되면, 과제 링크를 꼭 클릭하라.

지난 3개월 동안 오직 이 방법을 최소한으로 이용해서 6,000달러 이상을 더 벌었다. 하지만 이건 전부 부수입이었다. 내가 추가 영업활동을 한 게 아니다. 단지 감사 페이지에 추가 링크를 걸었을 뿐이다.

자, 이 부분에서 아주 큰 효과가 나타난다. 고객들에게 매달 비용이 청구하는 제품/서비스를 판다면 어떻게 될까? 그렇다, 당신이 짐작한 대로 매달 수표가 든 우편물을 받는다. 하지만 당신에게 월별 서비스가 없다면 힘들 것이다. 창의적으로 생각해야 한다.

바로 이 방법으로 매달 수천 달러를 추가로 벌고, 그동안 내 제품과 서비스를 홍보하는 데 도움이 될 사람들과 친구가 되었다. 만약 당신의 감사 페이지에 건 그 링크가 고객에게 다른 사람의 월별 상품이나 서비스를 판매한다면 당신도, 그 사람도, 고객도 이득이라는 점을 생각해 보라.

이에 대해 설명해보겠다. 비즈니스에는 매출과 이익을 나누는 방법들이 많이 있다. 내가 최면술 상담으로 올린 매출에서 33퍼센트를 공간을 내준 다른 사업주들에게 줬다고 말해준 것이 기억나는가? 우리가 여기서 이야기하고 있는 것과 똑같은 과정이다.

다른 사람에게 웹사이트에 오디오를 올릴 수 가장 좋은 방법을 제공하는 특별 서비스를 추천하고 내가 가장 선호하는 오디오 웹사이트를 방문하면 1달러짜리 평가판을 이용할 수 있다고 말하면 어떻겠는가? 고객은 평가판을 이용하고, 평가판 종료 후 계속 이용해서 비용을 청구 받는다. 고객들은 훌륭한 서비스를 받고, 서비스 제공 업자들은 비용을 아끼고 나도 그렇다. 그 사람이 계속 고객으로 남아있는 한 메일을 수표가 담긴 우편물을 받을 것이다.

하지만 당신은 이렇게 온종일 할 수 있다! 만약 당신이 누군가에게 1달러짜리 평가판 서비스를 팔면서, 경품으로 다른 보완 서비스 평가판을 제공한다면 어떨까? 답은 간단하다. 매달 수표 한 장이 아닌 두 장을 받고 서비스를 제공하거나 고객 지원을 할 필요가 없다. 이것이 위대한 공식의 힘이다.

마무리하기 전에 이 개념을 이용하는 매우 효과적인 방법 한 가지를 더 알려주겠다. 이것은 아주 새로운 것이며 이 글의 시작 부분에서 언급했다. 지금 우리가 하는 것이다.

감사 페이지에 대해 내가 했던 말을 떠올라보라. 감사 페이지는 누군가 당신과 약속을 잡는 것과 같다(당신과 비즈니스를 하고 싶어서 연락처를 줬기 때문이다). 사람들이 당신을 만나기 위해 약속을 잡거나 등록해야 하는 유형의 비즈니스를 운영한다면, 당신은 이 아이디어를 응용할 수 있다.

누군가는 (약속을 잡거나, 이름과 이메일을 입력하거나, 첫 구매를 하면서) 당신이 원하는 행동을 했다. 자, 당신은 그 사람들이 찾고 있는 것을 바로 제공하고 그들이 기다리는 동안 당신에게서 무언가를 살 기회를 주고 싶어 한다. 예를 하나 들어보겠다.

몇몇 원격 세미나 등록 양식에서 감사 페이지를 방문했을 클릭할 링크를 주지 않을 수 있다. 대신 (녹음된 것은 제외하고) 다른 원격 세미나 접근권을 줄 수 있다. 녹음된 원격 세미나는 유용할 정보를 제공한다(마지막에 제품/서비스를 판매할 것이다). 하지만 당신이 기대하고 있는 원격 세미나와 상충하지 않을 것이다.

자, 당신이 치과의사나 정비사라면 어떻게 적용할 수 있을까? 간단하다. 만약, 사람들이 예약하려고 전화했을 때, 당신은 예약을 잡아준 후 내일 메일을 확인해 보라고 한다. 밤사이에 '다음에 치과의사를 만날 때 아름다운 미소를 지으며 돈을 절약하는 7단계 방법' 혹은 '당신의 자동차 가치를 높이고 돈을 아끼는 아홉 가지 방법'과 같은 특집 기사를 보낼 것이기 때문이다.

그들이 당신을 만나러 오기 전에 특별 기사를 읽을 거라고 장담한다. 그 기사 마지막에 '아름다운 미소와 치과 치료 절약 방법' 월간 구독 방법을 알려준다. 그리고 24시간 이내에 사무실에 전화를 걸어 신청하면 구독료를 반값으로 할인해 준다.

당신은 고객이 예약 시간에 오기도 전에 반복 판매를 했다. 또한, 유료 고객과 지속해서 연락을 취하는 방법을 알려줬다. 아마도 고객들은 그 점에 감사할 것이다. 이러한 방법이야말로 은근히 멋진 마케팅 기법이 아니고 무엇이겠는가.

조 루비노 Joe Rubino 박사
윈-윈-윈 프로모션과 전략적 파트너십의
끊임없는 물결 일으키기

조 루비노 박사는 세계 최고의 비즈니스 및 자기계발 트레이너이자 19개 언어로 번역돼 48개국에서 판매되고 있는 8권의 베스트셀러 저자다. 저명한 연사이자 강연 선도자로서, 그는 개인과 리더십 개발로 50만 명 이상의 사람들에게 생산성을 높이고 '후회 없는 가치 기반의 삶'을 살도록 가르쳤다. 더불어 전통적인 비즈니스와 네트워크 마케팅 분야에서 성공하도록 수천 명을 개인 지도했다.

루비노 박사의 비전은 사람들이 최고가 되도록 돕고 퇴직에 대한 패러다임을 바꾸는 것으로, 누구나 할 수 있다고 믿는다면 자신과 타인의 삶에 긍정적인 변화가 일어난다는 것이다. www.CenterForPersonalReinvention.com을 방문해 조 루비노 박사의 연구물에 대해 자세히 알아보길 바란다.

내 이야기를 하기 전에, 나 스스로 선언한 삶의 목적을 공유하는 것이 중요하다고 여겨 공개하겠다. 즉, 2,000만 명의 사람들이 행복하고 풍족하게 지내며 자아실현하도록 영향을 미치는 것, 최고가 될 수 있도록 하는 것이다. 평범한 사람으로서 이런 뛰어난 마케팅 기법으로 벌어들이는 돈을 좋아하지만, 정말 단순히 돈에 관한 것이 아니다. 이는 전통적인 마케팅만으로는 닿을 수 없었던 수천, 어쩌면 수백만 명에게 닿을 수 있는 능력에 관한 것이다.

마크 조이너의 위대한 공식을 따름으로써, 내 책, CD와 카세트 앨범, 코칭 서비스, 강연을 소개하고 새로운 개인과 회사 여러 곳에서 기조연설을 했다. 거절할 수 없는 제안에서 모든 공식이 시작된다. 《1백만 달러 네트워크 마케팅 왕국을 구축하는 7단계 시스템John Wiley & Sons, 2005》의 목적은 재택 기반 비즈니스를 구축하려는 개인을 찾는 것이었다. 그래서 네트워크 마케터들을 대상으로 삼았다. 이 주제에 대해 준비된 목마른 군중이기 때문이다. 더불어 아직 네트워크 마케팅 기회에 관여하지 않지만 가정에서 소득을 창출할 수 있는 대안을 고려할 가능성이 있는 잠재적 후보들을 찾아냈다.

책 출간 소식을 알리기 위해, 약 100만 명의 구독자 메일 명단이 있는 약 45명과 파트너 관계를 맺었다. 이 메일 발송자들은 영향력 있는 중심인물들이었고, 이미 내 책 주제에 맞는 목표 시장을 가진 사람들이었다. 즉, 이미 줄을 선 목마른 사람들이 있는 사람들을 찾았다. 그런 후 리스트 소유자(영향력 있는 인물), 도서 구매자(목마른 사람들) 및 우리 회사(책, 오디오 프로그램, 강연, 코칭 등 제공자)가 모두 이득을 얻는 동시에 관련된 모든 사람에게 특별한 가치를 창출할 수 있는 윈-윈 제안을 만들었다. 네트워크 마케팅 분야에 종사하는 지인들에게 연락하고 검색 엔진에서 사이트를 조사하며 잡지를 읽고 관련 인터넷 잡지를 구독하며, 내 책의 주제 분야의 전문가들을 다룬 기타 자료에서 영향력 있는 중심인물들을 찾았다. 그리고 그들에게 합작 사업에 관심이 있는지 물었다. 그들은 (자신들의 구독자 리스트 확장에 도움이 되는) 내 책 구매자들에게는 뜻밖의 즐거움을 제공하고, 자신들의 구독자들에게 홍보물을 보내는 (내 책 판매를 돕는) 것에 동의했다.

첫 번째 시도에서, 내 제안에 동의한 파트너들의 도움으로, 내 책은 2005년 4월 15일, 아마존 베스트셀러 목록에서 25위에 올랐다. 약속대로, 내 책 구매자들은 30여 가지 사은품을 받았다. 이 사은품들은 자신들의 리스트에 홍보물을 보내기로 한 영향력 있는 인물들이 보낸 것이다. 사은품을 받는 동시에, 이 책 구매자들은 www.cprsuccess.com을 방문해, 나의 무료 개인 혁신 센터Center For Personal Reinvention 뉴스레터인 '성공의 힘'에 가입하고, 웹사이트에서 (특별 할인 및 추가 사은품을 받는 대가로) 추가로 책이나 오디오 프로그램을 구매할 수 있게 했다.

이 구매자들(나의 목마른 사람들)에게 내 책과 테이프로 더욱 성공적으로 비즈니스를 구축하고 다른 사람들에게 더 효과적으로 영향을 미칠 수 있는지에 대해 더 많은 내용을 가르쳐 준 부차적인 이득으로, 27명의 새로운 고객이 시간당 150달러의 개인 코칭을 계속 받고자 나에게 연락했다. 16명은 '성공을 위한 대화'라는 개인 및 비즈니스 계발 과정에 각각 895달러의 수강료를 내거나 진지한 관심을 보였다. 이것으로 수익을 창출했을 뿐만 아니라, 프로모션과 내 지인들의 도움이 없었다면 만나지 못했을 이 모든 사람의 삶과 비즈니스 성공에 영향을 미칠 수 있었다. 위대한 공식을 이용해서 계속 더 많은 사람에게 다가가고 그들의 인생에 힘이 될 기회를 얻게 되었다.

이 첫 번째 프로모션 시작 이후에, 우리는 데이터를 수집하고, (일련의 바로 사용할 수 있는 오토리스폰더Autoresponder, 수신된 이메일에 자동으로 답장을 하는 컴퓨터 프로그램), 제휴 프로그램 및 최첨단 쇼핑카트 시스템을 이용해 www.wealthywork.com 시행으로) 이 사람들과 효과적으로 소통하는 능력을 강화했다. 나의 다음 책《네트워크 마케팅에 관한 궁극적인 가이드The Ultimate Guide To Network Marketing》출간에 맞춰 향후 2주간 더 많은 이들 (55명)에게 책 구매 시 (4,450달러 상당의) 경품을 더 제공할 것 이라고, 더 많은 사람(약 2백만 명)에게 메일을 발송했다. 책, CD, 개인 지도와 강연 등으로 구성된 두 번째 잔을 제안하면 서 공식 이용을 확대할 것이다. 이 모든 것은 우리 비즈니스 의 특성상 성공을 이룰 가능성이 더 크다. 따라서 성공과 성 취의 비결을 배우기를 갈망하는 수많은 다른 사람들을 소개 하는 목마른 사람들을 위한 것이었다.

앤드루 폭스Andrew Fox
위대한 공식 속 열정과 이메일

1999년, 앤드루 폭스는 비즈니스 파트너와 함께 세이프 리스트Safe List 웹사이트를 개설했다. 이 사이트는 엄청난 팬을 확보했고 두 번째 웹사이트인 Gurumailer.com을 개설할 당시 앤드루와 로렌스는 10일 만에 월 1만 달러의 소득을 올렸다.

온라인 비즈니스 성공으로 그는 2002년 7월, 인터넷 슈퍼 콘퍼런스Internet Super Conference의 연설 요청을 받았다. 그 당시 그는 아일랜드에서 온, 갓 21세 청년으로 최연소 연사였지만 이미 온라인 비즈니스 및 마케팅 분야의 권위자로 인정받고 존경받았다. 앤드루는 라이선스 재판매에서 능력을 펼쳤다. 2년에 걸쳐 그는 재판매권을 가진 4개의 제품을 출시했다. 매번 새로운 프로젝트를 진행할 때마다 앤드루는 신중하고 지속적으로 팬을 늘리며 반복 구매하는 충성스러운 고객을 만들어 냈다. 이 모든 노력의 결과로 앤드류가 신제품을 출시할 때마다 잘 팔릴 것이라는 확신을 가질 수 있었고, 그것은 정말 대단한 마케팅의 성과다.

앤드루는 아일랜드에 거주하지만, 인터넷 마케팅 컨퍼런스와 새로운 프로모션 파트너를 물색하려고 미국에서 상당한 시간을 보낸다. 앤드루와 그의 프로젝트에 자세히 알고 싶다면, http://millionairesmegayacht.com/andrewlaunch를 방문하라.

1. 사람들이 자신들의 제품에 목마른 사람들을 알아보고 알릴 수 있는 다양한 방법은 무엇인가?

목마른 사람들을 알아보는 것은 생각만큼 어렵지 않다. 정말 효과가 좋은 몇 가지 방법을 알려주겠다. 새로운 시작을 개척할 때 항상 한 가지 단어를 떠올린다. 바로 열정이다!

당신에게는 열정이 있다. 열정은 뭔가를 구매할 때 다른 어떤 요소보다 사람들에게 더 동기부여가 된다. 대부분 제품을 생산하려는 사람들은 '판매' 측면에 너무 집중한다. 열정과 같이 사람들의 감정에 적용하고 상실에 대한 두려움과 결합해서 당신은 아주 특별한 것을 만든다.

한 가지 예를 들면, 나는 페라리 애호가다. 아무리 가져도 만족할 수가 없다. 이렇듯 페라리에 열광한다. 이제 내가 만약 역대 최고 페라리 10대를 소개하는 DVD 컬렉션을 파는 사이트를 찾았다면, 관심을 보일 것이다. 하지만, 나에게 판매하는 방법은 이 DVD가 '멋진 빨간 페라리 355 VS. 페라리 F40의 멋진 V-8 사운드'처럼 어떤 내용을 담았는지 쓰는 것이다.

'빨간색'이라는 색과 '멋진 V-8'이라는 소리에 머릿속에 그림을 그린다. 사진과 소리를 이용해 독자의 마음을 사로잡고 끌어들여라. 이처럼 잘 만들어진 스토리텔링은 바로 고도의 판매기법인 셈이다. 이것이 'DVD를 사세요'라고 말하는 것보다 훨씬 수월하면서도 멋진 방법이다.

다른 예를 들자면, 반려견이 집에 손님이 찾아올 때마다 너무나 흥분한다. 이 문제 해결 방법에 관한 책을 만든다. '반려견을 손님을 만날 때마다 일어날 수 있는 불상사를 피하는 방법이 있습니다. 더는 당황하지 마세요!'와 같은 헤드라인을 이용하라.

누군가의 감정과 매우 강력한 감정인 당황스러움에 적용하고 있다. 잠재 고객의 생각을 파악하고 그림을 그리며 해결책을 제공하라. 그러니까 목마른 사람들을 찾고 싶다면, 사람들의 감정과 열광하는 점을 생각하라. 그것이 사람들이 자신도 모르는 사이에 매일 행동하게 하는 것이다.

목마른 시장을 알아보는 또 다른 훌륭한 방법은 블로그를 보는 것이다. 특정 게시물에 대한 반응을 살펴보는 것이 중요하다. 예를 들어, 누군가에게 같은 독자로부터 댓글을 5개 받은 게시물이 있을 수도 댓글 50개를 받은 게시물이 있을 수 있다.

무슨 말인지 알겠는가?

사람들이 무엇에 반응하는지, 특정 주제가 왜 인기가 많은지에 주목해야 한다. 다른 사람들의 행동과 반응을 살피면서 많은 것을 배울 수 있다.

2. 과거에는 어떤 멋진 방법을 썼는가?

내 비즈니스의 일부는 인터넷 마케팅이다. 내가 돈을 벌었던 방법은 100퍼센트의 이익을 내며 판매할 수 있는 작품의 재판매권을 사들이는 것이었다. 이에 대해 간단히 설명하겠다. 최근에 1,997달러에 작품의 재판매 라이선스를 획득했다. 그리고 나서 작가에게 아무것도 지불하지 않고 이 작품을 697달러에 팔 수 있게 되었다. 지금까지 이 강연을 100부 정도 판매했다. 단 1,997달러 투자를 투자해서 6만9,700달러의 매출을 올렸다. 꽤 괜찮은 사업이었다!

1,997달러만큼 들이지 않고 작품 재판매권을 사들이고 싶은 사람들이 분명히 있다고 생각했다. 697달러에 작품 재판

매권을 제공하기로 했다. 697달러로 정한 것은 너무 값싸 보이지 않으면서도 사람들이 감당할만한 금액으로 보이게 해서 합리적인 소비자들을 끌어들일 목적이었다.

역시 그 상품은 즉각적인 성공을 거뒀다. 몇 년 후 4개의 재판매 작품을 공개했고, 가장 최근에 제품을 출시했다. 자세한 내용은 www.ultimateresalelicenses.com/lap에서 확인할 수 있다.

지난 2년간 고품질 재판매 라이선스로 생긴 충실한 팬들 덕분에 97개의 라이선스 모두 매우 빠르게 매진됐고 각각 697달러에 판매됐다. 이것은 청구하는 즉시 받게 되는 돈과 같다. 작품 재판매 라이선스를 1년에 한 번 또는 2번 계속 제공하고 있으며, 그래서 어떤 비즈니스든 생명줄과 같은 반복 구매를 하는 고객층을 항상 확보하고 있다.

3. 고객들에게 (기본적으로 최초 판매 후) 두 번째 잔을 제안할 수 있는 다양한 방법은 무엇인가?

이것은 추가 작업 없이 수익을 극적으로 올릴 수 있는 가장 쉬운 방법의 하나다. 만약 이 방법을 이용하지 않는다면, 돈더미를 그저 바라만 보고 있는 것과 다름 없다.

첫 질문에서 언급했던 페라리 예를 다시 보자. 자, DVD 컬렉션을 구매하기로 했고 주문서가 도착했다. '주문서'는 '당신의 수익을 터트릴 때'라는 또 다른 말이다. 잠재 고객이 힘들게 번 돈을 쓰기로 맘먹었고, 그래서 다른 아이템을 주문할 수 있도록 하면 어떨까? 이렇게 생각해 보자.

우리에게 페라리 주문서가 있고, 그 주문서는 DVD 컬렉션을 구매하고 있다는 것을 상기시켜 준다. 하지만 신용카드 세부 정보를 입력하기 전에 "페라리 DVD 컬렉션 구매 시 정상 가격의 30퍼센트로 페라리 뉴스레터 구독에 관심이 있으신가요? 이 항목을 추가하시려면 이 체크박스를 선택하세요"라고 적힌 작은 칸이 있다.

과거 경험에 비춰보면, 구매자의 20~60퍼센트가 추가 패키지를 선택할 것이다. 사이트서 아이템 하나를 변경하는 것만으로도 추가 수익이 발생한다. 30분을 일해서 평생 이익을 얻는다면 좋지 않겠는가?

하지만 아직 주문 과정에서 돈을 벌 수 있는 기회는 또 있다. 고객이 주문하면 구매에 감사하는 페이지로 이동한다. 추가 수익을 올릴 수 있지만, 고객에게 판매하지 않는 것처럼 보이는 좋은 방법은 경품 제공이다. 이런 경품은 "이 칸을 클릭 시 자매 회사 BMW 잡을 3개월간 무료 구독할 수 있습니다"와 같은 것일 수 있다. 구독자들은 첫 3개월 동안은 무료지만, 그 이후에는 매달 구독료를 내기 시작한다. 그래서 DVD 한 개 구매로 시작한 것이 추가 작업 없이 두 가지 추가 구독으로 이 끌 수 있다. 이런 방법으로 당신은 엄청난 이익을 얻는다. 직 접 시도해보고 확인해 보라.

4. 과거에는 어떤 멋진 방법을 썼는가?

2003년 4월, Gurumailer.com이라는 웹사이트를 개설했다. 이는 세이프 리스트 웹사이트였다. 서비스에 가입하면 리스트 에 있는 사람들에게 제안을 보낼 수 있지만, 그 대신 리스트의 다른 사람들한테서 제안을 받아야 했다. 하지만 그 시스템은 제안을 한 달에 두 번만 보낼 수 있도록 했다. 가격은 월 27달 러였다.

주문서에서 '업그레이드' 멤버십 옵션이 있었다. 매달 27달 러인 골드 옵션 대신, 플래티넘 옵션을 선택하면 한 달에 4번 37달러에 제안을 보낼 수 있다. 놀랍게도 약 60퍼센트의 고객 이 업그레이드된 옵션을 선택했다. 예를 들어, 한 달에 27달러 면 총 12개월간 324달러를 지불한다. 그러나 업그레이드된 옵 션의 경우 월 37달러이면 1년에 444달러이다.

444달러에서 324달러를 빼면 각 회원 당 연간 120달러를 더 번다. 여기서 회원 1,000명을 곱하면 당신은 연간 12만 달러 추가 이익을 낸다.

따라서 요약하자면, 고객에게 두 번째 잔을 제시한다면 큰 수고를 들이지 않고도 돈을 벌 수 있다는 것이다. 자, 지금은 이 정도만 말하겠다. 이 정보가 독자인 당신에게 도움이 되었길 바란다. 상품에 대해 더 자세한 정보를 원하면 www. ultimatemarketinglicenses.com에 방문해 보길 바란다.

브래드 캘런 Brad Callen
180일 만에 완전히 시장을 지배하는 비결은?

브래드 캘런은 브라이센 소프트웨어Bryxen Software의 소유주이자 설립자이며 '건강 및 피트니스' 틈새시장에서 온라인 경력을 쌓기 시작했다. '체중 감량'과 '살 빼기'가 인터넷에서 가장 경쟁력 있는 키워드라는 사실을 아는 사람은 많지 않다. 브래드는 이 두 키워드 모두에서 구글 랭킹 1위를 달성했고, 무료 검색 엔진 트래픽이 그의 웹사이트로 몰렸다. 수백만 달러의 광고 수익으로 포춘 500대(Fortune 500, 포춘치가 매년 게재하는 미국 및 해외 기업 매출 규모 상위 500개사 리스트) 기업들을 제쳤다.

브래드는 seoelite.comSEO Elite의 소유주로, 1년도 채 안 돼 clickbank.com 제품 순위 1위에 올랐으며, 세계 2대 검색 엔진 최적화SEO, Search Engine Optimization, 검색 엔진에서 검색했을 때 상위에 나타나도록 관리하는 것 탑 순위 제품 중 하나다.

(웹사이트 40개 이상을 운영하는) 브랜드의 업무에 대해 자세히 알고 싶다면, www.seoelite.com, www.linkmetro.com, www.seoelite.com/7DaysToMassiveWebsiteTraffic.htm, www.keywordelite.com을 방문해 보기 바란다.

다음 몇 페이지에 걸쳐서 내가 180일 이내에 틈새시장을 장악하는 데 사용한 간단한 예를 보여줄 것이다. 6개월이라는 짧은 기간 동안 제품이 존재하지 않는 상태에서 내가 업계를 완전히 지배하게 된 방법을 배우게 될 것이다.

어떻게 목마른 군중의 욕구를 파악하고 그 갈증을 충족시키는 상품을 만들었는지 정확히 알려주겠다. 그런 다음 각 고객으로부터 얻은 가치를 극대화하기 위해 두 번째 잔을 제시했을 때 썼던 방법을 말해줄 것이다.

바로 시작해 보자. 어떤 제품을 만들기 전에, '정말 훌륭한 제품을 만들기 위해 어떤 일도 서슴지 않을 것'이라고 마음먹어야 한다. 이 단순한 마음가짐이 매우 중요하다. 제품이 좋을수록 더 많이 판매되고 광고비 지출이 줄어든다. 사람들(당신의 고객들)이 당신도 모르는 사이에 기꺼이 당신을 위해 광고를 할 것이다. 입소문은 가장 훌륭한 광고 방식이다.

자, 한 가지 예를 들어보겠다. 2004년 8월경 '링크 프록터Link

Proctor'라는 소프트웨어 제품을 출시했었다. 그것에 대해 들어 본 적이 있는가? 아마도 없을 것이다. 그 소프트웨어의 유일 한 목적은 사용자가 링크 페이지(다른 웹사이트에 대한 링크를 포함하는 웹 페이지)를 관리하는 데 도움을 주는 것이었다. 가격은 67달러였다. 그 당시, 제품 홍보에 어떤 실제적 관계도 없는 시장에 진입하는 중이었다. 이 업종이 완전히 처음이었 다. 이 시장의 공통적인 문제를 해결하고 전 세계에 홍보할 필 요가 있는 작고 간단한 툴Tool을 만들었지만, 관심을 보일만한 세계와 실질적인 관련성이 없었다. 이는 분명 큰 문제다. 그 런데 과연 정말 그럴까?

조금 조사를 했고, 내 제품을 원하는 시장 유형으로 생각되 는 가장 인기 있는 검색 엔진 최적화 포럼을 여러 개 찾았다. 이곳이 나의 목마른 사람들, 나에게 정확한 해결책이 있는 문 제를 가진 군중이다. 몇 주 전에 이 포럼을 모니터링하면서 아 무도 좋은 해결책이 없는 것 같았던 자주 물어보는 질문/문제 들을 살폈기 때문에 이 점을 파악했다. 포럼을 모니터링하는 것이 목마른 사람들을 찾는 훌륭한 방법이다.

다음으로 내가 찾은 세 개의 포럼 중 한곳을 선택해 웹사이 트에서 스카이스크래퍼 배너Skyscraper Banner, 너비 120px 높이 600px 크기의 배너 광고를 사들였다. 배너 광고는 매우 비쌌지만, 타깃

이 된 많은 잠재 고객이 광고를 보고 배너를 클릭하며 구매할 가능성이 있다는 것을 알았다. 처음 몇 달 동안 손해를 봐도 개의치 않았다. 고객층을 구축할 수 있는 한, 이 광고로 생성된 기반이 작아도 결국에는 돈을 벌 것이라는 걸 알았다.

실제로 첫 달은 적자였다. 두 달 정도 지났다. 약간의 매출을 올렸고, 많지는 않지만 시작하기에 충분했다. 이제 작은 고객층이 생겼기 때문에 이 사람들이 홍보할 수 있도록 무엇인가를 해야 한다는 것을 알았다. 화제가 되는 것은 당신이 만든 어떤 제품으로 당신이 노력해야 한다. 고객 기반은 무료로 연중무휴 나를 위해 일하는 개인영업 사원이라고 생각한다. 내 고객들 대부분은 내가 광고하고 있는 포럼에서 매우 활동적인 사람들이었다는 것을 기억하라. 포럼 광고는 상품을 판매하는 가장 좋은 방법 중 하나다. 이 사람들은 매일 업계에서 무슨 일이 일어나고 있는지 이야기한다. 당신은 이들이 당신 편이 되길 바란다. 만약 그들이 정말로 대단한 것을 찾는다면 친구들에게 그 대단한 것에 대해 말할 것이고, 그렇게 인터넷 입소문이 시작되는 것이다.

이제 작은 고객층을 확보했고, 이들에게 두 번째 잔을 제시할 때다. 내가 이렇게 말할 때, 다른 제품을 제안하려는 게 아니다. 기본적으로 그들의 잔에 같은 음료를 리필하려고 한다.

여기서 내 목표는 고객들이 자신들이 구매한 제품에 대해 세상에 알려야 할 의무감을 느낄 정도로 훌륭한 제품을 만드는 것이다. 더 많은 기능을 추가해서 '링크 프록터'를 더 훌륭하게 만들 때였다. 하지만 어떤 기능을 추가해야 할지 어떻게 알았을까? 간단하게 그들에게 물었지만, 좋은 답을 들으려면 그들에게 먼저 가치 있는 것을 제공해야 한다는 걸 알았다. 고객층이 그리 넓지 않았기 때문에 새로운 기능에 대한 긴 목록을 얻기 위해서는 이메일 응답률이 높아야 했다.

그다음 몇 주 동안 포럼을 방문하여 질문에 관해 살폈다. 그런 다음 MS 워드로 포럼에서 나온 질문에 모든 답을 해준 35페이지 분량의 e-북을 썼고, e-북 형식(PDF 문서)으로 변환했다. 이를 단순히 사은품으로 고객에 보내는 것이 아니라, 먼저 멋진 e-북 그래픽 디자이너에게 디자인을 의뢰했다. 사람들은 본래 매우 시각 지향적이다. e-북이 멋지게 보이면, 바로 제품의 가치가 올라간다. 사람들은 시간적인 면을 제품과 연관 지을 수 있다는 것만으로도 e-북이 훨씬 더 낫다고 생각할 것이다.

그다음 많지는 않지만 내 모든 고객에게 이메일을 보냈다. 이메일에서 고객들이 정말 마음에 들어 할 특별한 깜짝 선물을 만들었다고 말했다. 내가 만든 특별 웹 페이지로 그들을 안내했다. 이 웹 페이지에는 디자인 의뢰해서 만든 e-북 사진과 e-북에 어떤 질문과 답이 담겼고 고객들에게 정확히 어떻게 도움이 될지 설명하는 글이 있었다. 이처럼 웹 페이지를 이익 지향적Benefits Oriented으로 만드는 것이 중요하다.

이 모든 과정의 핵심은 무료 e-북을 받으려면 링크 프록터의 다음 출시에서 기대하는 점의 위시리스트를 먼저 이메일로 보내야 한다는 것이었다. 그래야 고객들은 무료 e-북을 받을 뿐만 아니라, 어떤 소프트웨어를 원하는지 정확히 알려줄 수 있다. 사람들은 소속감을 좋아하고, 자신들이 추천하는 것이 소프트웨어에 추가될 것이라는 걸 알게 되면서 그 소속감이 충족된다.

이것으로 무엇을 얻었을까? 이 고객들은 검색 엔진 최적화 시장에 꽤 잘 연결되어 있고, 그렇지 않았다면 포럼에서 내 광고를 보지 못했을 거라는 점을 떠올려라. 그래서 그들을 조사함으로써, 이미 시장이 원하는지 바를 정확히 알고 있는 사람들에게 내부적으로 접근할 수 있었다. (그래픽 제작 비용에)약 50달러가 들었던 이 무료 e-북을 나눠줌으로써, 다음의 이익을 얻었다.

- 내 고객들을 매우 행복하게 해주었다.
- 이 고객들이 포럼에서 다른 사람에게 링크 프록터를 추

천할 기회를 늘렸다.

- 버전 2.0에 추가할 새 기능 목록이 생겼다.

내가 생각지도 못했던 아주 훌륭한 요청들이 담긴 기능 리스트를 바탕으로 버전 2.0에 대한 작업을 시작했다. 한 달 후, 링크 프록터 버전 2.0을 출시함으로써 고객들에게 두 번째 잔을 제안했다(참고 : 소프트웨어나 업데이트할 수 있는 제품 판매 시, 고객에게 무료 평생 업그레이드/업데이트를 제공하는 것이 매우 중요하다).

버전 2.0을 출시하자마자, 감사 메일을 상당히 많이 받았다. 고객들은 내가 정말로 자신들의 마음을 읽고 원하는 것을 정확히 주었다는 것이 믿기지 않았다. 그들은 내가 그저 고객이 요청한 것을 제공했다는 점을 깨닫지 못했다. 그런 다음 이 사람들은 바로 그 포럼으로 돌아가 링크 프록터에 얼마나 만족하는지에 대해 글을 올리기 시작했다. 그러자 입소문이 퍼져 나가기 시작했다. 이건 이야기의 시작일 뿐이다.

이때가 그들에게 세 번째 잔을 제시하기에 완벽한 시기였다. 이제 모든 소프트웨어 사용자를 위한 포럼을 만들기로 했다. 앞서 말했듯이, 사람들은 소속감을 좋아한다. 포럼을 만듦으로써 그들이 집단의 일원이라고 생각하도록 했다. 그럼 회원 포럼을 만들 생각을 어디서 얻었을까? 당신은 알 것이다. 첫 설문 조사를 했을 때 여러 고객이 추천해 줬고, 내가 무료 e-북을 나눠줬던 곳이다. 설문 조사 실시는 고객에게 다음에 무엇을 제공해야 하는지 정확하게 알아내는 완벽한 방법이다.

몇 달이 더 지나서 난 포럼에 많은 관심을 기울였다. 모든 질문에 대답했다. 처음 몇 주 동안 포럼 게시물이 1,000건이 넘었다. 포럼 회원 활동을 활성화하려면, 당신 스스로가 매우 활동적이 되어야 한다는 것은 굉장히 중요한 사실이다. 자, 포럼을 어떻게 활용했을까? 일단 포럼이 상당히 활성화되고 나서 두 가지를 했다.

1. 링크 프록터 '기능 요청 섹션'을 만들었다.
2. 포럼을 면밀히 모니터링하면서 공통적인 질문과 우려 사항을 알아냈다.

나에게 첫 목마른 사람들을 이끌어준 것이 포럼이라는 걸 기억하라. 이제 나만의 포럼이 있기에, 넘치는 다른 제품 아이디어에 무한정으로 접근할 수 있다. 시간이 흐르면서, 사람들이 정말로 원하는 것 같은 것에 주목했다. 이것은 웹사이트 링크를 교환하고 싶은 비슷한 생각을 하는 다른 사람들을 쉽게 찾을 수 있는 사이트였다. (이것은 검색 엔진 최적화 전략이다. 무슨 말인지 모르겠다면 그냥 참고 기다려라) 나는 또한 그들에게 있는 또 다른 문제를 해결할 것으로 보이는 두 개의 다른 제품/서비스를 찾아냈다.

일단 이것을 알고 나자 또 다른 설문 조사를 하기로 했다. 이번에는 그들에게 아무것도 줄 필요가 없었다. 포럼에 설문 조사를 올리면 사용자는 몇 분 정도 시간을 내서 어떤 서비스에 가장 관심이 있는지 선택할 수 있었다. 몇 주 후 압도적으로 많이 선택된 것은 '사용자가 다른 사람과 링크를 교환할 수 있는 웹사이트 제작'이었다. 이제 나에게 현재 고객들에게 판매할 수 있는 훌륭한 백엔드 제품이 생겼다. 그것은 고객들이 원하는 것이라고 나에게 말했기 때문에 그들이 원하는 것이라고 100퍼센트 확신했다.

거기에서 linkmetro.com이 만들어졌다. 이론적으로는 이 서비스에 쉽게 사용 요금을 청구할 수 있었지만 무료로 하면 소문이 나기 시작할 거라는 걸 알았다. 더욱이 앞에서도 말했듯이, 이 입소문이라는 것은 앞으로 나오는 모든 제품에 적용시켜야할 기법이다.

지금까지의 내용을 요약하면 다음과 같다. 내 목표 시장과 관련된 포럼을 방문하여 목마른 사람들을 찾았다. 그리고 포럼 한곳에서 광고했다. 일단 고객층을 구축한 후에는 고객이 무엇을 더 많이 원하고 덜 원하는지 등을 정확히 파악하기 위해 설문 조사를 했다. 내가 그들을 위해 특별히 쓴 e-북으로 그들이 지불한 것보다 더 많은 것을 주었다. 그들이 요구한 것을 한 번도, 두 번도 아니고 세 번이나 정확히 들어주었다(소프트웨어 기능, 포럼, linkmetro.com). 두 번째 잔뿐만 아니라 세 번째 잔도 마찬가지였다.

이때부터 정말 화제가 되고 있었다. 왜? 그저 그들에게 뭔가 대단한 것, 즉 이야깃거리를 주고 있기 때문이다. 이제 링크 프록터에 대해 들어본 적이 없는 이유가 궁금할 것이다. 버전 2.0을 출시한 후 버전 2.0 기능이 제품 이름과 더는 어울리지 않는다는 것을 깨달았다. 그래서 이번에는 인기 있는 마케팅 포럼에서 다른 설문 조사를 했다. 설문 조사는 '나의 소프트웨어의 새 이름을 만들어주면, 우승자에게 무료 카피를 드릴게요'였다. 내가 상관할 바가 아니었고, 기억하기 쉬운 이름으로 누군가가 지어줄 것이었다.

며칠 후 SEO Elite 버전 2.0라는 이름이 만들어졌다. 검색 엔진 최적화에 대해 잘 모르는 사람들은 구글에서 'SEO Elite'를 검색하라. 이 모든 것은 다음과 같이 이뤄졌다.

1. 공통된 문제를 찾고 해결책을 제시하기
2. 고객이 무엇을 더 원하고 덜 원하는지 설문 조사로 파악하기
3. 그들이 이야기할 만한 두 번째 잔을 무료로 제시하기
   (무료 소프트웨어 업그레이드와 무료 e-북)

이제 고객층이 넓어졌기 때문에 더 많은 무료 제품과 경품을 제공해서 쉽게 고객 조사를 계속할 수 있다. 일단 고객들이 원하는 바를 알게 되면, 두 번째, 세 번째, 네 번째, 다섯 번째 잔을 제시할 수 있다. 가능성은 실로 무궁무진하다.

그래서 '180일 이내에 시장을 완전히 지배할 수 있는 비결은 무엇인가?'라는 본 질문에 대답하자면, 간단하다. 3단계를 따르면 시장을 완전히 장악할 수 있다. 이 사례의 단순함을 그냥 지나쳐서는 안 된다. 당신의 제품을 마케팅하는 매력적인 방법이지만, 제대로 그 개념을 이해할 수 있다면 매우 강력한 수단이다. 이 공식을 따르면 반드시 성공한다.

크레이그 페린 Craig Perrine
자동으로 반복적인 수입 창출을 위해
처음부터 당신만의 '목마른 사람들'을 만드는 법

MaverickMarketer.com의 CEO인 크레이그 페린은 수백 명의 기업가가 다양한 틈새시장에서 즉각 반응하는 리스트 구축하는 데 도움을 주었다. 크레이그는 복잡한 주제를 쉽게 이해할 수 있는 방식으로 설명하는 재능이 있다. 더불어 타깃 구독자 리스트와 수익성 있는 장기적 관계를 맺는 방법을 알았다. 이러한 실력을 발휘해 10년 이상 개인 고객과 세미나에서 자신의 매우 효과적인 방식을 이용하는 방법을 가르쳐 왔다.

크레이그는 다이렉트 마케팅 및 다이렉트 판매 캠페인을 통해 정보물, 전문 서비스 및 소프트웨어를 포함한 다양한 시장에서 수백만 건의 매출을 올리려는 크고 작은 고객들과 함께 일했다. 이에 그치지 않고, 그는 이용자 리스트 작성과 같은 방법을 가르치는 멀티미디어 강좌도 개설했으며, 사람들이 기꺼이 5,000달러까지 지불하고 참석하는 독점 세미나는 큰 인기를 얻고 있다. 크레이그에 대해 더 알고 싶다면 www. maverickmarketer.com을 방문하라.

거절할 수 없는 제안을 한 다음 두 번째 잔을 팔기 전에 목마른 사람들이 있어야 한다. 목마른 사람들을 알아보는 방법은 여러 가지가 있지만 시간이나 비용, 또는 두 가지 모두 소요된다.

손가락을 한 번 튕겨서 (또는 마우스 클릭으로) 당신한테서 구매하려고 기다리는 목마른 사람들이 바로 생긴다면 멋지지 않겠는가? 멋진 제품이 있다면 언제든지 돈을 벌고 싶을 때 내놓으면 마법처럼 계속 팔릴 것이다.

좋은 소식은 '당신이 계속해서 덧붙일 수 있는 목마른 사람들 리스트를 모으면 순식간에 매출을 올릴 수 있다'는 것이다. 어떻게? 이메일 및/또는 실제 주소로 바꾸는 대신 높은 인지 (및 실제) 가치를 가진 무료 책자 또는 비슷한 증정품을 타깃 시장에 제공하면 된다.

제대로 한다면 당신 리스트에 가입한(또는 동의를) 각 고객에게 후속 조치를 할 수 있는 권한이 생기고, 그들이 계속 이용자로 남아있는 한 거절할 수 없는 제안을 하고 두 번째 잔을 판매할 수 있는 위치가 된다.

만약 당신이 잘못된 방법으로 리스트를 구축하려고 한다면, 리스트가 광범위해도 별 가치가 없을 것이다. 이는 리스트 가치의 핵심이 당신과 이용자 간의 관계이며, 이용자가 리스트에 남아있는 유일한 이유와 그렇게 할 가치가 있기 때문이다.

그렇다면 목마른 사람들은 어떻게 찾을 것인가? 리스트 구축을 위해 그들에게 무엇을 제안할 것인가?

자기 계발Selfhelp, 인터넷 마케터, 건강 및 피트니스를 비롯한 다양한 틈새시장과 잘 알려지지 않은 여러 시장에서 리스트를 구축했다. 모든 경우에 공식은 같다. 바로 타깃 이용자들이 진정으로 원하는 것이 무엇이고 원하는 것을 얻는 데 있어 어떤 문제와 좌절을 겪는지 철저히 조사한다.

예를 들어 인터넷 마케터들은 무엇보다도 온라인 전략, 도구와 전술을 이용해 비즈니스를 홍보하고 리스트를 구축하는 방법을 배우고 싶어 한다. 그들은 일반적으로 인터넷에 익숙하지 않은 경우가 많으며, 마우스 클릭으로 전 세계 사람들에게 다가갈 수 있는 방대한 커뮤니케이션 능력을 활용하는 방법을 배워야 한다. 따라서 이 틈새시장에는 내 제품과 서비스로 그리고 내 이용자들에게 다른 사람의 제품과 서비스를 살펴보도록 하면서 풀어야 할 많은 좌절과 도전 과제가 있다.

타깃 시장이 원하는 것을 알아내고 새로운 틈새시장을 찾는 신선한 방법을 늘 찾고 있다. 특정 도구와 전술은 잠깐 나타났다가 사라지기 때문에, 내가 여기서 말하는 것은 당신이 글을 읽을 때 쯤이면 진부한 것이 될 수도 있다. 그래서 나의 최신 제안을 볼 수 있도록 www.maverickmarketer.com/greatoffer.htm에 글을 올렸다.

그러나 일부 핵심 전략은 시대를 초월해 집에서 빠르고 쉽게 수행할 수 있다. 중요한 원칙은 어떤 제품이나 서비스를 제안하려고 하든 목마른 사람들이 당신을 기다리도록 하는 것이다. eBay.com, Amazon.com, Froogle.com, Half.com과 같은 곳에 가서 사람들이 무엇을 사는지 볼 수 있다는 것이 인터넷의 좋은 점이다.

전자제품 같은 내구 소비재나 사용법 같은 정보물을 판매하든, 이런 대형 사이트들 사이에서 틈새를 찾을 수 있을 것이다. 만약 찾지 못했다면, 그 비즈니스에 많은 시간과 돈을 투자하기 전에 중대한 위험으로 여기고 신중하게 조사하라.

내가 이 글을 쓰는 시점에서 타깃 시장에 도달하기 위한 가장 강력한 온라인 도구는 아마도 google.com과 overture.com의 클릭당 결제 검색 엔진일 것이다(다시 한번 www.maverickmarketer.com/greatoffer.htm을 방문해 나의 최신 제안을 읽어라).

사람들 대부분은 당신이 검색 엔진에서 당신의 사이트를 찾을 수 있고 검색될 수 있다는 것을 알지만, 누군가가 검색할 때 당신의 웹사이트가 상위 페이지에 있는 것도 복잡하고 변화무쌍한 게임이다.

클릭당 결제는 선택한 키워드에 대한 상위 검색 결과에 비용을 지불하기만 하면 된다. 오늘날 우리 주제의 범위 밖인 클릭당 결제에는 기교와 과학적 원리가 있다. 하지만 만약 당신이 판매하려는 제품을 온라인에서 검색하는 많은 사람이 보는 곳에 광고를 게재한다면, 이메일 주소와 교환 대가로 사은품을 제공하는 웹사이트를 개설하고 타깃 리스트를 만들 수 있다는 것을 알 수 있다.

만약 내가 셰퍼드를 훌륭한 반려견과 무서운 경비견이 되도록 훈련하는 방법에 관한 책을 팔고 싶다면, '당신의 셰퍼드를 사랑스러운 경비견으로 훈련하는 방법'이라는 무료 책자를 제공하고 클릭당 결제 트래픽을 그 페이지로 유도할 수 있다. 그러면 방문자는 내 무료 제안을 설명하는 간단한 사이트와 책자를 받을 이름과 이메일 주소를 입력하는 양식을 찾을 것이다.

이 페이지를 '랜딩 페이지Landing Page, 홈페이지 방문, 키워드 검색 혹은 배너 광고 등으로 유입된 인터넷 이용자가 최초로 보는 페이지'라고 하며, 방문자로부터 구독 정보를 수집하기 위한 초석이 된다.

클릭당 결제당 검색 엔진의 문제는 초기 인터넷 마케터에게 리스트를 구축하려고 해당 전략을 비용-효율이 높게 사용하는 방법을 배우는 것이 복잡하고 비용이 많이 들 수 있다는 것이다. 특히 클릭당 결제에 비용을 너무 많이 지불하면, 이용자로부터 돈을 회수하는데 시간이 너무 오랜 시간이 걸릴 수 있기 때문이다.

만약 당신이 이 전략을 사용하고 싶지만, 클릭당 결제 검색 엔진 전문가가 되고 싶지 않다면, 어려운 부분을 대신해 주는 사람을 고용할 수 있다. 다시 한번, 이 전략을 밀고 나가려면 앞에서 언급한 내 리소스 페이지에서 현재 추천 내용을 확인하고, 관심이 있다면 당신이 직접 하는 방법에 대해 가르쳐 주는 홈 스터디 과정도 알아보라.

내 사이트 트래픽을 지속해서 확보하고 리스트에 새로운 이용자를 확보하는 한 가지 방법은 실제로 간단하고 대부분 무료다. 내가 (또는 다른 이에게 돈을 지불해서) 글을 쓰고 특정 주제에 대한 콘텐츠를 찾는 인터넷 잡지 출판사 및 웹사이트에 제출한다. 이에 대한 정확한 리소스는 변경될 수 있으므로, www.maverickmarketer.com/greatoffer.com을 방문하여 당신의 글이 제대로 노출되도록 기사를 제출하는 최신 추천 사항을 보길 바란다.

하지만 흐름에 뒤떨어지지 않는 전략이 있다. 사람들은 콘텐츠를 인터넷에서 검색하고, 특정 주제에 대한 질문에 답하며 웹사이트에서 추가 정보를 제공하는 당신의 글을 찾으면, 사람들은 당신을 신뢰할 수 있는 전문가로 여기고 당신이 제안하는 것을 확인할 것이다.

여기서 가장 중요한 것은 이 방문자들이 글을 보고 알게 된 것 이상의 추가 정보를 얻으려면 내가 앞서 설명한 랜딩 페이지로 와서 등록하거나 구독해야 한다는 것이다. 당신이 원한다면 그 사람들에게 (관련 기사 모음일 수 있는) 전자책을 무료로 다운로드하거나 뉴스레터 구독을 약속할 수 있다. 어느 쪽이든 이 리스트 구축 방법을 이용해 당신을 전문가로 여기는 타깃 이용자들을 얻게 된다.

우리는 저자(기사 작가 포함)를 전문가로 인식하고 있으며, 당신이 유용한 콘텐츠(내 사이트에서 열거한 리소스를 당신이 다른 사람에게 돈을 주고 파헤칠 수 있다)를 제공하는 한, 새로운 이용자들은 당신의 추천 내용을 존중할 것이고, 단순히 영업 페이지를 찾기만 하는 것이 아니라 구매할 가능성이 더 크다.

기사 작성 공식은 타깃 시장에서 관심이 있는 주제를 선택하는 것이다. 예를 들어, 만약 사람들이 자신의 셰퍼드가 침입

자가 아닌 사람들을 공격해서 걱정한다는 것을 안다면, 당신은 셰퍼드가 사람들에게 친근하게 굴면서 여전히 충성스럽고 경비견으로 만드는 방법에 대한 글을 작성할 수 있다.

이처럼 개에 관한 모든 것을 쓰기보다는 특정 주제에 쓰는 것이 낫다. 특정 주제에 대한 좋은 내용을 제공하고 나서 독자에게 더 자세한 내용을 보려면 사이트를 방문하거나 무료 뉴스레터를 구독할 수 있다고 말한다. 더불어 당신은 길고 장황한 글을 쓰고 싶지 않을 것이다. 특정 주제에 대한 충분한 정보를 제공한 다음 호기심을 유발해 더 많은 정보를 얻기 위해 사이트를 방문할 수 있게 하라. 궁극적으로, 판매 중인 제품에 대한 핵심적이고 상세한 사용 방법을 알 수 있다. 따라서 이 프로세스의 중요한 점은 방문자와의 신뢰 관계를 구축할 만큼 충분한 정보를 제공하면서도, 방문자가 당신의 전문지식을 전부 알고 싶다면 비용을 지불해야 한다는 것을 알리는 것이다.

여기서 이해해야 할 핵심 원칙은 방문자에게 구매 요청을 하기 전에 가치를 부여하여 신뢰도, 믿음, 방문자와의 관계를 구축하고 그들을 이용자로 만드는 것이다. 다시말해 완전한 목표는 그 방문자들을 당신의 리스트에 올릴 수 있을 만큼 강력한 거절할 수 없는 제안을 만들어, 계속 그들에게 후속 조치를 하는 것이다. 진정한 의미에서 당신은 물맛을 알려주고 사람들이 당신을 신뢰하면 가득 채운 한 잔과 두 번째 잔 등을 판매함으로써 당신만의 목마른 사람들을 계속 유지하게 되는 셈이다.

처음에 내가 말했듯이, 당신의 리스트는 당신과 이용자 간 관계를 발전시켰을 때만 가치가 있는 것이다. 물론 그것의 일부는 신뢰이지만, 그 일부는 당신이 어느 시점에서 제공하는 가치에 대한 대가를 받아야 한다. 그러지 않으면 전혀 성과를 내지 못한다.

따라서 상품을 가지고 있다는 것을 증명하려고 물맛을 보여주지만, 고객들이 한 잔 가득히 마시고 싶다면 유리잔을 권해야 한다는 걸 기억하라. 그들은 맛만 보고 원하는 모든 것을 얻을 수는 없으며 처음부터 전략의 일부라는 것을 곧 이해하게 될 것이다. 사람들이 맛만 보다가 첫 번째 잔, 두 번째 잔 등으로 넘어가도록 내가 계속해서 이용했던 시나리오를 살펴보자.

핵심은 이용자가 충격을 받지 않도록 무료 제공에서 유료로 점진적으로 전환하는 것이다. 웹사이트 첫 방문자는 아직 당신을 알지 못하고 마우스 클릭만으로 선택할 수 있는 다른 많은 옵션이 있어서, 당신은 적은 비용으로 미리 그들이 원하는 것을 내놓고 싶다. 이를 통해 고객이 당신을 알아볼 때 발생할 수 있는 모든 위험을 제거할 수 있으며, 이런 전략을 이용하지 않는 경쟁업체와 차별화할 수 있다.

자, 셰퍼드 강아지를 훌륭한 반려견과 경비견으로 키우는 방법에 대한 책자를 나눠준다면, 나는 내 콘텐츠를 체험해 본 누군가가 셰퍼드들에 대한 뉴스레터를 구독하도록 하는데 유리한 위치에 있다. 일단 새로운 이용자와의 관계에 발판을 마련되면 저가 제품을 판매할 수 있는데, 내가 돈을 벌기에는 충분하면서도 너무 비싸지는 않기 때문에, 이용자들은 큰 위험을 감수하지 않았다는 점이 생각이 들 것이다. 내 경험상 보통 19달러 95센트에서 39달러 95센트 사이의 제품이다. 이 경우에는 나에게 셰퍼드 주인들에게 관심 있는 다른 주제들에 관한 책이 있을 것이다. 예를 들어, 배변 훈련, 개를 복종시키는 방법, 가구와 신발 씹지 않도록 하는 방법 등이며, 이 책이 이용자들이 나에게서 구매하는 첫 번째 유리잔이 될 것이다.

다음으로 두 번째 잔을 판매하고 싶고, 이 시점에서 신뢰와 가치를 확립했기 때문에 소책자나 첫 번째 잔 유형의 제품으로 모든 단계를 알려주는 홈 스터디 오디오 동영상 강의와 같은 더 내용이 많고 상세한 심층적인 제품으로 더 높은 가격을 제시할 것이다. 이 홈 스터디 과정은 시장에 따라 가격은 97달러부터 997달러까지 될 것이며, 당신에게 큰 수익을 창출하고 두 번째 잔이 될 것이다.

997달러짜리 강좌를 팔기 위해 온라인 광고를 하는 것은 무료 e-북이나 뉴스레터를 제공하고 신뢰를 쌓는 것만큼 큰 반응을 얻지 못할 수 있다. 낯선 사람의 제안에 수백 달러를 쏟아붓는 것보다 상당수는 무료 체험을 이용할 것이기 때문이다.

이것이 내가 가장 좋아하는 목마른 사람들 리스트 구축 방법이다. 이용자와 마찬가지로, 틈새시장에서 마케팅하는 다른 사람들과 파트너 관계를 맺어 비즈니스에 활용할 수 있는 가장 좋은 기회는 '신뢰 관계를 발전시키는 것'이다.

지금까지 내가 설명한 과정에 당신의 리스트에 있는 목마른 사람들과 신뢰 관계를 구축하는 과정이 포함된다. 회사를 세우고 이용자들과 더불어 두 번째 잔을 훨씬 뛰어넘어 다른 사람들이 당신의 제품을 추천하고 매출을 올릴 수 있는 위치에 있다고 생각해 보라. 이것은 합작 사업Joint Venture이라고 불리며, 내가 가장 좋아하고 가장 많이 이용하는 리스트 구축 방법이다.

예를 들어 올해 초, 네트워크 혹은 다른 주요 업체들과 함께 일하면서, 인터넷 마케팅 틈새시장에서 영향력 있는 마케터들과 파트너 관계를 맺어 리스트 구축에 대한 홈 스터디 과정을 선보였고, 출시 후 첫 몇 주 동안 숫자 6자리 이상의 매출을 올렸다. 이것은 혼자서 가능하다고 하더라도 훨씬 더 어려울 수 있으며 틈새시장에서 상호 보완적인 비즈니스와의 네트워킹의 힘을 잘 보여준다.

글, e-북, 뉴스레터의 형태로 당신의 제품에 대한 맛보기를 선보였다면, 리스트를 가진 사람들과 네트워크를 형성하고 이익을 공유하는 대가로 그들의 리스트에 있는 사람들도 경험해 보도록 하자고 제안할 수 있다.

나는 비즈니스상 친구가 고객에게 제안할 때 나의 제품/서비스를 추가할 수 있도록 보너스를 제공하는 형태로 항상 했다. 유일한 경험 법칙Rule Of Thumb, 경험으로 알게 된 지식 및 법칙은 당신의 가치를 증명할 뿐만 아니라 비즈니스 파트너가 고객에게 잘 보이도록, 합작 사업 파트너의 리스트에 있는 사람들에게도 거절할 수 없는 제안으로서 가치 있는 것을 권해야 한다는 것이다. 이용자의 관점에서 볼 때, 합자 사업 파트너는 유용한 콘텐츠의 또 다른 소스를 소개함으로써 가치를 더하기에, 제대로 진행된다면 모두가 윈-윈하는 상황이다.

이렇게 하면서 당신이 얻는 큰 장점은 파트너가 이미 고객들과 신뢰와 믿음을 쌓았기 때문에, 당신이나 당신의 체험 상품을 추천하면서 그 신뢰가 당신에게로 향한다. 종종 사은품은 건너뛰고 바로 첫 번째 잔을 내밀어서 당신과 파트너가 바로 이익을 얻을 수 있다. 적절한 상황에서 파트너가 적합하다고 생각한다면 두 번째 잔의 특별 프로모션 일환으로 첫 번째 잔 제품을 줄 수 있다.

근본적으로 당신은 합작 투자 파트너의 목마른 사람들에게 낯선 존재였다가 바로 추천을 받아 이익을 얻을 수 있는 위치로 뛰어오르기 때문에 그 위력을 알 수 있다. 파트너가 당신의 평판을 위태롭게 하기 전에 먼저 당신 자신을 증명해야 하는 것이 그 비결이다. 잠재적인 합작 관계를 만들려면 당신의 틈새시장과 관련된 세미나나 컨퍼런스 같은 행사에 참석해서 사람들을 직접 만나고 신뢰를 쌓아라. 그러면 그들이 어떤 것에 관심이 있는지 알 수 있고 실제 환경에서 당신의 신뢰성을 증명할 수 있다.

만약 그럴 상황이 아니라면, 구글에서 당신의 틈새시장에 관한 웹사이트를 찾아서 전화나 이메일로 잠재적인 합작 파트너에게 직접 연락할 것이다. 이메일을 보낸 다음에 전화로 연락하는 것이 좋다. 만약 당신의 제품과 파트너의 제품이 잘 들어맞는다는 증거를 제시할 준비가 되어 있다면 그 효과를 보고 놀라게 될 것이다.

물론 이 글에서는 당신의 새로운 목마른 사람들 리스트와 관계를 맺을 준비에 대해 충분히 설명하지 못했지만, 나와 나의 합작 파트너가 큰 수익을 올리는 확실한 방법을 보여줬다.

www.maverickmarketer.com에서 고객과 유익한 관계를 구축하는 방법에 관해 설명하는 무료 강좌를 확인해 보길 바란다. 당신과 공유할 방법과 말할 시간이 없었던 방법을 배울 수 있다. 어쨌든 www.maverickmarketer.com/greatoffer.htm에서 내가 만든 업데이트된 리소스 페이지를 확인해 오늘 공유한 전략 이용에 필요한 리소스를 활용하길 바란다(강좌 등록도 가능하다). 이것이 당신이 온라인 수익을 내는 방법이다.

셸 호로비츠Shel Horowitz
다른 사람에게 '잔 건네기' : 윤리와 성공의 흐름

셸 호로비츠는 수상 경력에 빛나는 카피라이터, 출판/마케팅 컨설턴트이자 작가다. 그는 1970년대에 마케팅 일을 시작했다. 우표를 살 예산조차 충분하지 않은 지역 사회단체에서 자원봉사를 했고, 셸은 자전거로 보도자료를 배달했다. 1981년부터 셸은 저렴한 가격의 카피라이터와 마케팅/출판 컨설팅 서비스를 제공했다.

그는 매사추세츠 시골의 고풍스러운 농가에서 일하면서, 3개 대륙의 고객들이 자신들의 메시지에 중점을 두고 주요 독자들에게 다가갈 수 있도록 도왔다. 가장 최근에 발간한 책으로는 《이익의 원칙: 사람을 최우선으로 하는 마케팅Principled Profit: Marketing That Puts People First, Accurate Writing More, 2003》과 《풀뿌리 마케팅: 시끌벅적한 세상에서 주목받기Grassroots

Marketing: Getting Noticed in a Noisy World, Chelsea Green, 2000》다.

그리고 www.principledprofits.com/25000influencers.html
에서는 윤리 비즈니스 서약 운동의 창시자이기도 하다. 셸과
여기서 이야기하는 개념에 관한 자세한 내용은 www.frugal
marketing.com을 참조하기 바란다.

목마른 고객 찾기

고객 찾기는 다음과 같이 간단히 3단계 과정을 거친다.

1. 시장의 욕구/갈망을 파악하라.
2. 당신이 좋아하고 정말 잘하는 것으로 그 욕구를 충족시
   킬 방법을 알아내라.
3. 이 시장에 어떤 메시지로 어떻게 접근할지 결정하라.

자, 그렇게 간단한데, 왜 많은 기업가에게 마케팅이 어려운
도전 과제인가? 대부분의 '마케터들'이 모든 것을 거꾸로 하기
때문이다. 하고 싶은 것을 먼저 생각한 다음에 상품을 개발하
고, 그다음에야 시장을 찾아 헤맨다. 그리고 나서 그들은 'me,
me, me(미, 미, 미 나 중심의)'라는 마케팅 메시지로 모든 것을
완전히 망친다. 마케팅을 펼쳐서 매출을 올리지만, 마케팅 때

문이 아니다. (어이쿠!)

하지만 그것은 마케터와 관련된 게 아니다. 잠재 고객의 욕구, 갈망, 문제에 관련된 것이다. 다른 사람에게 도움이 되고 (서비스를 제공하고), 그 서비스 태도를 성공에 이용하는 것이다. 진부한 얘기지만 그것이 좋은 관계를 유지하는 것, 즉 지속적인 관계를 구축하는 것이다. 비록 프로젝트를 접더라도, 당신과 잠재 고객 사이에 완벽하게 조화를 찾는 데 있어 완전히 정직하고 윤리적으로 행동하는 것을 말한다.

영업 마케팅 패널로 있을 때, 공격적이고 무례하며 오만한 형편없고 실력 없는 영업맨의 말을 따라야 했다. 그는 전화를 들어서 매일 매시간 공격적으로 콜드 콜Cold-Call, 상대방에게 투자 혹은 상품 구매를 권유하기 위한 일방적인 연락 또는 방문을 하라고 했다. 만약 그의 이론은 당신이 끈질기게 눈엣가시처럼 굴면, 2명 중 한 명은 당신한테서 벗어나고 싶어서라도 거래를 한다는 것이다.

그의 접근 방식으로는 모두가 실패한다. 하루 14시간을 사람들을 떨어져 나가게 하는 데 쓰면서 근근이 생활을 유지해야 할 것이다. 그는 훨씬 생산적으로 쓸 수 있는 많은 노력을 낭비하고 있으며 잠재 고객을 단순히 고객으로만 만드는 것이 아니라 당신의 홍보대사 역할을 하도록 하는 오래 지속하고 긍정적인 관계 형성의 기회를 망치고 있다.

마침내 나에게 발언권이 생겼을 때, 이렇게 말했다. "자, 마케팅과 영업에는 차이가 있어요. 난 결코 콜드 콜을 하지 않을 거예요. 잠재 고객이 나에게 연락하는 마케팅을 고안할 거예요. 내가 전화나 이메일을 받았을 때, 그들은 이미 내가 자신들을 도와줄 거라고 확신하고 있어요. 망치지만 않는다면, 고객을 확보하는 거예요." 이것은 사실 내 비즈니스에서 주로 쓰는 마케팅 기법이다.

잠재 고객은 "제발 나와 함께 일해요"라고 간청할까? 서비스 정신과 직업윤리 정신으로 비즈니스에 접근하고 잠재 고객의 문제에 대한 최고의 솔루션으로 자리 잡은 강력한 마케팅 전략을 겸비하면 바로 그렇게 된다. 그렇다면 당신의 제안을 간절히 목말라하는 사람들을 어떻게 찾을 수 있을까?

수십 가지 방법이 있다. 다음은 내가 가장 선호하는 몇 가지 방법으로, 이러한 방법은 시간만 들이면 되고, 일부 경우에는 (말하기, 쓰기) 실제로 직접 수익을 창출한다.

- 업계 전문가, 일반 고객, 심지어 경쟁업체로부터 소개 (또는 추천서) 받기
- 최고의 시장을 포함한 청중과 이야기 나누기
- 신을 효과적으로 브랜드화할 수 있을 만큼 작지만 중요

한 잠재 고객을 공급하기에 충분히 크고, 당신을 찾는 작은 시장 몇 곳을 전문적으로 다루기
- 사람들을 돕는 방법을 간략하게 요약하고 웹사이트를 방문해야 하는 구체적인 이유를 알려주는 sig^{Signature File,} 시그너처 파일를 포함해 신중하게 고른 몇 가지 인터넷 토론 그룹에 적극적으로 참여하고 기꺼이 도와주기
- 인터넷 잡지, 웹사이트, 인쇄 잡지 및 뉴스레터에 문제 해결 글 올리기
- 유용한 책을 쓰고 효과적으로 마케팅하기(자신의 역량을 확실히 보여주고 연락처 정보를 반드시 포함하기)
- 자신의 라디오나 텔레비전 방송, 원격강의 시리즈, 블로그 및/또는 팟캐스트를 진행하여 전문가로 인정받기

때때로 이러한 서비스 태도와 직업윤리를 활용하는 방법에 대해 창의적으로 생각함으로써 놀라운 성과를 이룰 수 있다. 예를 들어, 윤리적 비즈니스 방향으로 '티핑 포인트^{Tipping Point, 어떠한 현상이 서서히 진행되다가 작은 요인으로 한순간 폭발하는 것}'를 만들기 위한 세계적인 캠페인을 시작했다. 나의 장기적인 목표는 다음 엔론^{Enron}이나 타이코^{Tyco} 스캔들(회계 조작 사건)은 노예제처럼 오늘날 상상할 수 없을 정도 기업 환경을 바꾸는 것이

다. 만약 나의 여섯 번째 책인 《이익의 원칙: 사람을 우선시하는 마케팅》을 다른 독자들에게 전파하는 방법을 생각하지 않았다면, 이런 아이디어를 떠올리지 못했을 것이다. 이 아이디어를 발전시켜서, 나는 비즈니스 윤리 서약 캠페인을 www.principledprofits.com/25000influencers.htmld에서 시작했다. 나의 목표는 향후 10년간 최소 100명 이상에게 알릴 수 있는 (그 방법은 쉽고 내가 수십 가지 방법을 알려줄 것이다) 경제계 지도자 2만5,000명 이상의 서명을 받아 비즈니스 문화를 바꾸는 것이다. 이 캠페인을 통해서 다음의 결과를 얻었다.

- 나는 잡지 〈비즈니스 윤리Business Ethics〉에 비용을 받는 칼럼니스트로 고용됐다. 즉, 수표를 받고 나의 타깃 독자를 대상을 1년에 4번 나의 책 제목과 서약 캠페인을 언급할 수 있다. 독자들은 나를 고용해 자신들을 대신해 말하거나 글을 쓰도록 하고 잠재적으로 내 책을 대량으로 구매할 수 있다.

- 사람들은 이 캠페인에 도움이 될 다른 사람들에게 나를 소개했고, 그들은 내 경력에도 도움이 된다(이 중에는 마케팅 업계의 유명 인사들도 있다).

- 이 캠페인으로 뉴스레터 발행인과 저명한 컨퍼런스 기

획자와 말할 기회가 생겼고, 그들은 나 혼자서는 미치지 못했을 수십만 명의 사람들에게 내 일을 홍보했다.

- 덕분에 외국 출판사에 내 책 판권을 재판매하고 지역 방송국에서 라디오 방송을 진행할 수 있었다.
- 서약서에 서명한 사람들에게 팔린 책 판매량을 확실히 추적할 수 있었다.

두 번째 잔을 제시하고 그 잔을 돌리기

윤리적 비즈니스를 펼치는 가장 효과적인 방법 중 하나는 이미 당신을 알고 있는 사람들에게 돌아가는 것이다. 다시 말해 지식이나 해결책이나 행복에 대한 갈증을 풀도록 이미 도왔던 사람으로, 마크 조이너의 말대로 그들에게 '두 번째 잔'을 제시하면 된다.

평균적으로 새로운 고객을 유치하는 것이 기존 고객을 다시 유치하는 것보다 5배의 비용이 더 든다. 즉, 전통적인(돈이 많이 드는) 마케팅 접근 방식을 이용한다면, 다시 모든 고객을 데려오는 것이 새로운 고객 확보에 드는 마케팅 비용의 80퍼센트를 절약할 수 있다.

몇 년 전까지만 해도 나의 일반적인 고객은 일회성 욕구에 따라 100달러 또는 200달러를 지출했고, 그게 전부였다. 그래서 끊임없이 마케팅을 펼쳤다.

하지만 두 번째 잔의 개념을 받아들인 이후로, 마케팅 방법을 실제로 바꾸지 않고 마케팅 추가 비용을 들이지 않았으며, 수개월 동안 여러 프로젝트를 같이 진행하면서 많은 고객을 확보할 수 있었다. 현재 내 고객들은 단일 보도자료를 받는 대신에 일련의 보도자료, 즉 웹사이트, 다이렉트 메일 레터 또는 셀 시트Shell Sheet, 신제품에 관한 관심을 끌기 위해 사용하는 1쪽짜리 신제품 설명서, 그리고 맞춤형 마케팅 계획을 받는다. 몇몇 사람들은 아직 편집이 안 된 원고를 시장성 있는 책으로 만들 수 있는지에 대해 시작부터 끝까지 나에게 컨설팅을 받는다.

이것으로 훌륭하지만 한 가지가 더 있는데, 다른 사람들이 당신을 대신하여 유리잔을 돌리는 것이다. 다른 사람들의 추천이 당신이 직접 말하는 것보다 훨씬 더 효과가 크다. 추천으로 새로운 고객이 생긴다면 손 대지 않고 코를 푸는 격이다. 새로운 고객 확보에 드는 비용은 0이다.

게다가 비즈니스 전문가들로부터 꾸준한 추천을 받고 있다. 그들 중 몇 명은 자신들이 책과 웹사이트에 나를 선호하는 판매처로 올린다. 몇몇은 커미션을 요구하는데, 이를 기꺼이 지불한다. 결국, 그것은 내가 갑작스럽게 잠재 고객에 다가가는 것보다 훨씬 비용이 적게 들고 훨씬 더 쉽게 영업을 성사시킬 수 있다. 다른 사람들은 소위 카르마 포인트Karma Point를 쌓는 것을 선호한다. 그들은 자신의 고객을 행복하게 보내주면서, 해당 고객의 욕구와 갈망을 충족시켜 그 고객이 돌아올 가능성을 훨씬 더 크게 만드는 가치를 알고 있기 때문이다.

물론 카르마는 큰 부분을 차지한다. 종종 다른 판매처를 사람들에게 추천한다. 나에게 고객을 소개해 주는 같은 사람들에게 나의 추천이 전해지는 여부에 상관없이 이러한 방식으로 나는 하나의 연결 관계를 만든다. 이렇게 하지 않았다면, 많은 추천을 받지 못했을 것이라고 매우 확신한다.

끝으로 다른 말을 하자면, 나는 경쟁자가 있다고 생각지 않고 시장 점유율에 별로 신경을 쓰지 않는다. 세상은 풍요로운 곳이고 나보다 훨씬 뛰어난 카피라이터들이 있다. 그래서 누군가가 나에게 맞지 않는 프로젝트를 가지고 왔을 때, 추천할 수 있는 곳이 있어서 기쁘다. 심지어 내 책의 뒷부분에 소위 경쟁자(또는 마케팅 파트너)라는 20명의 연락처, 웹사이트 및 전문 분야를 리스트로 작성했다. 카르마가 여러 번 나에게 돌아온다는 것을 안다. 내 삶과 세계관에서 풍요로움을 받아들일수록, 세상은 나에게 정말로 풍요로운 곳임을 더 많이 보여준다. 내가 정직, 온전함, 소양Quality이라는 '매직 트라이앵글Magic Triangle'의 원칙과 조화를 이루며 내 삶을 가꾸고 일할 수록, 우주는 나에게 더 많이 보상한다.

　이런 개념들에 대해 수상 경력에 빛나는 5, 6번째 저서인 '풀뿌리 마케팅: 시끌벅적한 세상에서 주목받기(www.frugalmarketing.com)'와 '이익의 원칙: 사람을 최우선으로 하는 마케팅(www.principledprofits.com)'에서 더 자세히 다뤘다. 비즈니스 윤리 서약 서명은 www.principledprofits.com/25000influencers.html에서 할 수 있다.

페리 마셜Perry Marshall**(1)**
구글에서 목마른 사람들 찾기

페리 마셜은 시카고에서 활동하는 작가이자 연사이며 컨설턴트다. 그는 '구글 애드워즈Google AdWords, 구글의 검색광고 네트워크 서비스의 마법사'로 알려져 있으며, 검색 엔진 트래픽 구매에 있어 세계 최고의 전문가 중 한 명이다. 그의 방법을 이용하는 구글 광고주들은 (보수적인 추정치로) 매달 5억 건 이상의 클릭을 생성한다. 그의 회사인 페리 에스. 마셜 앤 어소시에이츠Perry S. Marshall & Associates는 온·오프라인 기업들을 대상으로 영업을 주도하고 웹 트래픽을 증가시켜 최대의 광고 효과를 얻는 것에 대해 컨설팅한다. 페리에 대해 더 알고 싶다면 www.perrymarshall.com을 방문하라.

지난 5년 동안 마케팅과 광고의 방향이 완전히 바뀌었다.

이는 목마른 사람들에게 지금보다 더 쉽게 접근할 수 있다는 뜻이다. 이 글에서는 세계에서 가장 인기 있는 검색 엔진인 구글로 목마른 사람들을 바로 찾는 방법을 알려줄 것이다.

사람들 대부분은 들어본 적이 없는 마케팅 천재와 그의 뛰어난 인터넷 통찰력에 관한 이야기로 시작하겠다. 레스터 원더만Lester Wunderman, 현대 다이렉트 마케팅의 창시자로 알려진 미국 광고 경영자이라는 이름이 친숙하지 않을 수도 있지만, 당신은 분명 그의 혁신적 방법으로 이익을 얻었다. 원더만은 컬럼비아 레코드 앤드 테이프 클럽Columbia Record and Tape Club, 이달의 책 클럽Book Of The Month Club, 회원에게 매월 5~7권의 새로운 하드커버 책을 제공하는 미국 구독 기반 전자 상거래 서비스, 아메리칸 익스프레스 카드를 포함한 역대 가장 혁신적인 마케팅 캠페인을 창안했다. 그의 저서《빙 다이렉트 Being Direct, 다이렉트 마케팅 협회, 2004》에서 몇 년 전에는 급진적이었지만 오늘날에는 기준이 된 마케팅 관례를 어떻게 개발했는지 설명한다.

1999년, 한 연설에서 원더만은 인터넷 시대 이전에 영업 사원들이 잠재 고객 리스트를 들고 고객을 쫓았다고 설명했다. 인터넷 시대에 접어들면서 잠재 고객 리스트도 바뀌었다. 이제 고객들이 영업 사원들을 쫓아오고 있다. 그는 마케터들과 영업사원이 이런 근본적인 변화를 인식하기 전까지는 평소처럼 비즈니스를 하면 힘들 것이라고 말했다.

그래서 일부 기업은 큰 어려움을 겪고 있지만 다른 기업들은 목마른 고객들에게 최대한 빨리 물 한 잔을 제공하여 엄청난 성공을 경험하고 있다. 가장 큰 차이점은 이런 역전이다. 영업 사원들이 고객을 뒤쫓는 게 아니라, 고객이 무엇을 찾고 있는지를 파악해 고객 앞에 가져다 놓는 것이다.

단순하게 들릴지 모르지만, 회사들 대부분은 이것을 완전히 간과하고 있다. 부두교 마술이 아니다. 도구들은 쉽게 구할 수 있고, 당신은 아주 약간의 수완을 부리면 된다. 소금통을 판다고 해보자. 인터넷 시대 이전에는 어떻게 판매했을까?

소금통 매장 같은 건 없었기에 소매점에 카탈로그를 들고 가서 가게 주인들이 당신과 함께 주문하도록 해야 했고, 제품이 금전 등록기에 등록될 때까지 몇 달이 걸릴 수 있었다. 하지만 인터넷 시대에 사람들은 지금 당장 소금통을 검색하고, 당신은 오늘 그들에게 소금통을 팔 수 있다.

소금통의 경우, 검색이 그렇게 많지 않을 것이다. 하지만 사람들은 검색한다. 오버추어의 편리한 키워드 검색 툴(http://inventory.overture.com)에서 찾아봤다. 오버추어에서 한 달에 3만 건 이상 검색됐다. 구글은 아마 더 많을 것이다. 구글에서

'소금통'을 검색하면 다음과 같은 검색 결과가 나온다.

구글에서 '소금통'을 검색한 검색 결과

컴퓨터 화면에서 상단의 컬러 밴드와 오른쪽 광고는 유료 리스트다. 광고주는 키워드(예: 소금 및 후추통)에 광고 입찰하고 잠재 고객이 클릭해 사이트로 이동하면 비용을 지불한다.

이것은 광고 역사상 처음으로 당신이 판매하는 제품을 찾고 있는 고객에게 분명하게 바로 광고할 수 있으며, 고객이 당신의 광고를 찾을 때만 지불하는 것이다.

그것이 레스터 원더만이 말한 엄청난 역전이다. 마케터들이 팔고 싶어 하는 것이 아니라 고객들이 사고 싶은 것, 다시 말해 고객들이 무엇을 갈망하느냐에 관한 것이다. 옛날에 시장조사는 일반적으로 많은 가게를 돌아다니며 판매 브랜드와 가격을 확인하고, 고객을 조사하며 제조업체의 판매량을 조사하는 것을 뜻했다. 이 모든 것은 여전히 가치가 있지만, 인터넷은 사람들이 검색하는 것에 대한 최신 데이터를 제공한다.

키워드 연구 = 당신의 '목마른 사람들의 레이더 화면'

이제 키워드 검색으로 현재 인기 있는 것을 찾아보면, 목마른 사람들을 이용하는 방법을 찾을 수 있다. 목마른 사람들을 찾는 몇 가지 재미있는 방법을 알려주겠다. 구글의 자이트가이스트Zeitgeist, www.google.com/press/zeitgeist.html, 시대정신, 특정 기간 전 세계 사용자들이 입력하는 검색어에 대한 통계자료가 그 한 가지로, 이번 한 주 동안 어떤 키워드가 인기를 얻었는지를 알려준다.

이번 주 자이트가이스트

상위 검색어 15개

(2005년 10월 24일 주 마감)

1. 허리케인 윌마	6. 제니퍼 애니스톤	11. 월드시리즈
2. 마돈나	7. 파월볼	12. 둠Doom
3. 국립허리케인센터	8. 칸쿤	13. 쏘Saw

4. NOAA국립 해양 대기청　　9. 퀘이크 4(SF 슈팅게임)　　14. 호박 조각 패턴

5. 브리트니 스피어스 아기　　10. 배트맨 비긴즈　　15. 샤를리즈 테론

이 각 항목이 하나의 시장이다. 난 10월 말에 검색하면서 14위를 기록한 '호박 조각 패턴'에 주목했다. 이 리스트에 있다고 해서 돈을 벌 수 있는 건 아니지만, 무엇이 인기 있고 사람들이 무엇을 찾고 있는지 확실히 알려준다. 자이트가이스트에는 다른 재미난 내용도 있다.

테크 토이즈Tech Toys

2005년 9월

1. PSP

2. 아이팟 나노

3. WinMX윈도우용 P2P 파일 공유 프로그램

4. 닌텐도 레볼루션

5. MP3 음악 다운로드

큰 걱정거리Top Worries

2005년 9월

1. 허리케인

2. 조류독감

3. 가스값

4. 피싱 사기

5. 주택시장 거품

이 리스트에서 목마름이 보이는가? 그렇다! 또 다른 리소스인 워드 트래커(Wordtracker, www.wordtracker.info)를 보자. 워드 트래커는 상위 1000개의 키워드 리스트를 제공한다. 37위부터 55번까지 키워드 샘플을 보자.

37. 50 센트	50249
38. 플레이스테이션 2 치트	49409
39. 패밀리가이	49291
40. 농담	48812
41. T팬티	48666
42. 제니퍼 로페즈	48539
43. 안젤리나 졸리	48356
44. 마이 케미컬 로맨스My Chemical Romance, 미국 록밴드	48166
45. kds bbs pics(윈도우 사진 애플리케이션)	48098

46. 이름	47638
47. 이누야사	46582
48. 자동차	45918
49. hotmail.com	45889
50. 무료 라디오 방송	45819
51. 날씨	45114
52. 에미넴	44622
53. 10대	44583
54. 폴 아웃 보이|Fall Out Boy, 미국 록밴드	44386
55. 비키니	43852

이 키워드 중 하나를 선택하고, 구글에서 '광고 프로그램'을 클릭하며 광고를 작성하며, 키워드를 입력하며 입찰 가격을 정하고, 구글에 5달러를 지불하면 10분 이내에 전 세계 어느 곳에서나 당신의 광고를 볼 수 있다.

주의사항

만약 이 일을 닥치는 대로 한다면, 돈을 정말 빨리 잃은 공식이 될 수 있다. 자신이 무엇을 하고 있는지 (구글 입찰 전략, 설득력 있고 타깃이 된 광고 제작) 알아야 하고, 웹사이트에서 효과적으로 판매하거나 세일즈 리드를 만들어야 한다.

하지만 무슨 일이 일어나는지 알기 위해 단 몇 달러만 쓰기로 했더라도, 사람들과 그들이 검색하는 것에 대해 많이 배울 수 있다.

- 오버추어 툴(http://inventory.overture.com)을 이용해 사람들이 입력하는 단어 유형과 구문의 변형을 정확히 알 수 있다. 예를 들어, 오버추어는 '앤티크 소금통과 후추통'에 대한 852건 검색을 알려준다. 이는 귀중한 정보다.
- 트래픽을 구매할 수 있고, 아직 당신 웹사이트가 없더라도 다른 사람의 웹사이트로 전송해 트래픽의 양과 비용을 확인할 수 있다.
- 똑같은 목마른 사람들에게 다른 광고주들이 무엇을 판매하는지 정확히 알 수 있다. 예를 들어 '소금통' 검색에서 다양한 종류의 광고에 주목하라. 능숙한 마케터는 여기서 충족되지 않는 욕구가 있는지 찾아본다.
- 하나만이 아니라 여러 개의 광고를 만들 수 있고, 어떤 광고가 더 반응이 좋은지 확인이 가능하다. 단어를 조금 바꾸면 큰 차이가 생긴다. 그렇다면 다음 두 가지 예를 살펴보자.

평범한 사람들을 위한 **쉬운** 호신술

개인 방어 **속성** 교육

www.tftgroup.com

0.6퍼센트 CTR

평범한 사람들을 위한 **간단한** 호신술

쉬운 개인 방어 교육

www.tftgroup.com

1.1퍼센트 CTR

'CTR'은 클릭률Click-Through-Rate의 약자로, 광고를 검색하고 본 사람들이 실제로 해당 광고를 클릭하는 비율이다. 단 두 단어만 바뀌었다. 첫 번째 줄의 '쉬운/간단한'과 두 번째 줄의 '속성/쉬운' 이렇게 말이다. 하지만 첫 번째 광고보다 두 번째 광고 반응이 거의 두 배! 구글에서 이것은 정말 중요하다. 구글의 시스템에서 더 좋은 광고가 동일한 광고 게재 위치에서 비용이 절반으로 줄어들기 때문이다. 따라서 간단한 툴을 이용해서, 다음과 같은 점을 빠르게 알 수 있다.

- 사람들이 갈망하는 엄청난 리스트(에미넴 또는 플레이스테이션 2 치트)

- 사람들이 갈망하는 것에 대한 미묘한 차이(소금통 VS. 앤티크풍 소금통)
- 목마른 사람들이 클릭하는 것(쉬운 자기방어 VS. 간단한 자기방어)

당신이 광고를 만들어 사람들이 오길 바랄 필요가 없다. 그들이 어디로 가는지 알아내서 그곳에서 영업해야 한다. 그리고 채울 수 있는 물 잔을 최대한 나눠줘라. 구글 애드워즈에 대해 자세히 배우고 싶고 제대로 하기 위한 몇 가지 절묘한 요령을 알고 싶다면, www.perrymarshall.com/google를 방문해 무료 5일 이메일 강의에 등록하라.

페리 마셜Perry Marshall **(2)**
억눌린 수요에 접근, 새로운 가치를 창출, 비약적인 발전의 상향 판매하기 : 1백만 달러에 관한 진짜 이야기

만약 지루한 경제학 교재를 열심히 읽어봤다면, 그 교재에서 가장 먼저 공급과 수요에 대해 다룰 것이다. 마치 제품의 가격과 수요가 단순하고 1차원적인 것처럼 장황하게 늘어놨다. 하지만 상식 있는 마케팅 전문가라면 안다. 전혀 사실이 아니라는 것을!

정통한 마케터는 사람들이 거의 모든 것에 대해 광범위한 취향이 있다는 것을 안다. 음악을 예로 들어보자. 당신이 500달러를 주면 롤링 스톤즈 콘서트에 안 가는 사람들도 있다. 이 밴드를 따라 전국을 다니며 보스턴에서 샌프란시스코까지 모든 단독 콘서트마다 500달러를 내고 맨 앞줄에 앉는 이들이 있다.

라디오에서 가끔 '유 캔트 올 웨이즈 겟 왓 유 원트You Can't Always Get What You Want, 1969년에 발매된 롤링 스톤즈 8집 렛 잇 블리드(Let It Bleed)

의 수록곡를 듣는 것을 좋아하는 사람부터, 몇 장의 롤링 스톤즈 앨범이 있고 어떤 공연인지 궁금해서 처음으로 콘서트에 가 보는 커플까지 관심 수준은 당연히 다양하다.

정보 및 서비스 : 엄청난 가격 범위

정보, 전문 서비스 또는 (작가, 연사, 컨설턴트, 음악가, 배우 등) 개성이 강한 것을 판매할 때, 사람들이 당신에게 지불하는 가격 범위는 엄청나다. 거리의 평범한 사람은 당신의 조언에 대해 한 푼도 안 줄 수 있지만, 당신의 도움에 대해 수천, 수만 심지어 수십만 달러를 내는 소수의 사람이 있을지도 모른다. 마크 조이너의 두 번째 잔 방법을 이용해 누가 돈을 내고 누가 얼마나 낼 것인지 알아낼 수 있다. 능숙한 마케터들은 고객이 스스로 분류하도록 한다. 이렇게 하면 마케팅 비용이 크게 줄 어들고 이윤이 크게 늘어난다.

일상적인 대화로 놓쳤던 1백만 달러짜리 기회 찾기

세미나에서 Free Publicity.com의 내 친구 빌 해리슨과 이야 기를 하는 중에 그는 이렇게 말했다. "페리, 네가 쓴 구글 애드 워즈 책을 사 봤는데, 정말 훌륭하더라. 근데 책 내용의 10 분 의 1만 행동에 옮기고 있어. 진짜 나에게 필요한 건 누가 날 정신 차리게 해주고 직접 가르쳐 주는 거야. 그럼 잘할 건데."

"너한테도 똑같은 문제를 겪는 고객들이 많을 거야. 코칭 프로그램 시작해 보는 거 생각해 봤어? 사람들이 좋아할걸."

이 말도 덧붙였다. "페리, 이건 1백만 달러짜리 아이디어야. 좋은 생각인 거 같아. 사람들이 필요 이상으로 구글에 훨씬 더 많은 돈을 내. 네가 제일 잘 알잖아."

빌의 말을 듣고 생각을 해봤다. 그와 함께 앉아서 프로그램 구성과 비용 청구 항목 등에 대해 많은 질문을 했다. 우리는 다양한 아이디어를 내놨고 흥분하기 시작했다. 그리고 "이건 어쩌면 1백만 달러짜리 아이디어가 맞겠는걸"이라고 말했다.

단 한 번에 사로잡기

그런 후 빌은 "있잖아, 페리, 만약 그렇다면 기회는 딱 한 번이야. 1백만 달러짜리 아이디어가 맞으면, 필라델피아 도심에 있는 코너스톤 신학교에 1만 달러를 기부해. 내가 거기 이사회에 있는데 정말 좋은 일을 많이 하고 있어. 이게 내 생각처럼 대단한 거라면, 기부를 해줬으면 좋겠어."

난 시카고에 살아서 도심 학교 상황을 알고 있었고 그 말은 나에게 하나의 대의명분(그리고 1백만 달러 아이디어에 대한 작은 대가)으로 들렸다. 그래서 1월 18일에 애드워드 개인 코칭을 시작했다. 고객 대부분은 나의 구글 애드워즈에 대한 최종 가이드에 약 49달러를 지출했고 그들 대부분은 다른 프로그램을 구매한 적이 없었다.

가격에 맞는 약속하기

애드워드 개인 코칭에서는 세 가지를 약속했다. 첫째, 개인 자리당 2,500달러에서 6,000달러까지 상당히 비싸지만, 자격을 충족하고 합격하면 프로그램이 끝날 때부터 비용 절감과 제품 판매에 대한 투자를 회수할 수 있다. 둘째, 결과에 대한 환불 보증제를 제공한다. 프로그램을 수강하고 1년 이내에 최소 2만5,000달러 이상의 소득을 올리지 않으면, 환불받을 수 있다. 셋째, 우리는 당신의 구글 광고뿐만 아니라, 영업 프로세스의 모든 요소인 테스트 및 추적, 오토 리스 폰더, 이메일 마케팅, 영업 카피 등의 구성을 지원할 것이다.

억눌린 수요 - 하루에 무려 10만 달러 벌기

빌의 말이 맞았다. 나는 이메일을 보냈고 다음 날까지 10만 달러 이상의 코칭 프로그램 신청서를 받았다. 억눌린 수요가 있었다. 수천 명의 고객 중에서 수십 명은 이보다 훨씬 더 비싼 프로그램에 기꺼이 지출하고 싶어 했다.

생각해 보면 완전히 이해가 된다. 구글 트래픽 구매에만 한 달에 5,000~1만 달러를 쓰는 고객들이 있고, 몇몇 고객들은 한 달에 10만 달러 이상 쓴다. 최근에 이야기를 나눴던 한 사람은 하루에 1만 6,000달러를 쓴다.

그런 사람들에게 49~97달러짜리 e-북은 아무리 좋아도 만족스럽지 못하다. 그 사람들이 트래픽 구매에 한 달에 5,000달러를 쓴다고 해보자. 그 사람들이 책을 구매하고 트래픽 비용을 20퍼센트까지 줄인다(드문 일은 아니다). 이제 매달 1,000달러를 절약한다. 개인 코칭을 받아서 또 20퍼센트를 줄인다면 어떨까? 한 달에 1,000달러 절약이 수천 달러 가치가 있을까? 종종 우리는 첫 번째 전화 통화에서 어떻게 그런지 알 수 있다.

비즈니스 (또는 교육, 투자, 집이나 자동차)에 돈을 투자하는 사람들은 자신의 돈을 지금보다 더 잘 쓸 수 있다고 생각이 들면 자동으로 목마른 사람들이 된다. 개인 코칭이 매출 증대에 도움이 된다면 (코칭 시간 대부분을 이 문제에 쓰였다) 훨씬 더 나은 것이다.

여기서 교훈은 한두 가지 가격대로 판매해서는 고객의 다양한 입맛을 맞추지 못한다는 점이다. 현재 그렇게 하고 있다면, 결코 맞출 수 없다. 그것이 당신이 하는 전부라면, 테이블

위의 돈을 그냥 내버려 두는 것과 같다. 실제로 내가 코칭에서 가르치는 것 중 하나는 매우 광범위한 가격으로 다양한 서비스를 선보여 엘리트 고객에게 무언가를 제공하는 것이다. 어떤 사람들은 다른 사람들보다 목이 더 마르기 때문이다.

당신 자신에게 해야 할 질문

"내 제품의 엘리트 슈퍼 디럭스 버전은 어떤 것이어야 하나?"라고 스스로 물어보라. 작가라면 고객을 위해 실제로 할 수 있는 연설, 코칭 프로그램 또는 컨설팅이 될 수 있다. 작가들의 경우, 서점에서 파는 14.95달러짜리 책은 거의 확실히 최종 상품이 아니다. 보통 책으로 벌어들이는 돈은 보잘것없다. 그 책은 다른 제품이나 서비스의 시작 부분일 뿐이다.

20퍼센트나 두 배나 더 비싼 디럭스 버전으로 생각하면 안 된다. 도움은 되겠지만, 비약적인 발전을 이루지 못한다. 말 그대로 10배 또는 100배로 완전히 확장된 서비스의 관점에서 생각해야 한다. 상당한 수의 고객이 있다면, 엘리트 버전을 선택할 고객들도 (아마 소수지만) 있다. 하지만 계산을 해보면, 소수의 엘리트 고객들에게 서비스 제공하는 비용이 수백, 수천 명의 일반 고객들을 위해 서비스를 제공하는 비용만큼이라는 걸 알게 될 것이다.

빌은 기부금을 받다

아직 코칭 프로그램 판매액이 100만 달러에 이르지 못했지만, 올해 초에 50만 달러를 돌파했다. 빌의 학교에 5,000달러 수표를 썼다. 나는 그들이 하는 일을 믿었고, 빌의 훌륭한 제안이 고마웠기 때문에 그렇게 할 수 있어서 기뻤다.

이 방법은 거의 모든 시장에서 쓰인다

매주 2달러의 커피를 파는 커피숍에서 매주 900달러의 카푸치노 기계를 한두 대씩 판다. 보더스Borders, 미국 서점 체인에서 18달러짜리 책을 사는 사람이 5만5,000달러 가치의 컨설팅을 의뢰한다. 콘서트 전 백스테이지에서 밴드를 만날 수 있는 250달러짜리 티켓을 판매한다. 유나이티드 항공 레드카펫 클럽Red Capet Club, 전국 공화당 상원 의원 이너 써클The National Republic Senatorial Inner Circle, 아메리칸 익스프레스 센츄리온 카드 American Express Centurion Card … 이 모든 것들은 정확히 같은 아이디어의 예다.

그렇다면 당신의 비즈니스가 비약적인 상향 판매를 이루기 위해서는 어떤 계획을 세워야 할까?

이렇게 생각해 보자. 두 번째 잔은 첫 번째 잔과 똑같은 크기일 필요는 없다. 아주 큰 맥주 잔일 수도, 소방 호스 같은 것

일 수도 있다. 장담컨대, 그 기회를 잡기위해 뛰어드는 고객은

분명 있을 것이다.

RE·ISSUE | 02
SERIES

당신을 마케팅 천재로 만들어 줄
위대한 공식

1판 1쇄 펴낸날 2023년 10월 30일

지은이 마크 조이너
옮긴이 조기준

펴낸이 나성원
펴낸곳 나비의활주로

책임편집 유지은
디자인 BIG WAVE

주소 서울시 성북구 아리랑로19길 86
전화 070-7643-7272
팩스 02-6499-0595
전자우편 butterflyrun@naver.com
출판등록 제2010-000138호
상표등록 제40-1362154호
ISBN 979-11-93110-17-1 03320